はじめての
チャネリング

誰もが持つ「覚醒スイッチ」を押す方法

鈴木啓介
KEISUKE SUZUKI

ビジネス社

THE DOOR TO CHANNELING

プロローグ

私は前著、『※ヘミシンクで起きた驚愕の「前世体験」』（2007年4月ビジネス社刊）で、何気なく受けたヘミシンクワークから始まった、信じがたい一連の驚愕体験をドキュメントとしてレポートしました。**※ヘミシンクとは瞑想のための音響技術のこと。**

その内容については本を読んでいただくとして、本を出版した時点での私は、もうこれ以上の変化はないだろうと思い、ある程度目覚めたその状態を保ちながら、普通にサラリーマン生活を続けていくだろうと信じ込んでいました。

しかし、私の予想に反してその後も自分を取り巻く環境は激変を続けていき、現在ではサラリーマンとしての職業はそのまま続けているものの、以前の自分とはすっかり変わってしまった現実が目の前に広がっています。

おおまかに『ヘミシンクで起きた驚愕の「前世体験」』出版以降のことを説明します。

まず、本を読んだ読者から「感動した」という、いわば通常の読後感に混じり、「不思議なヴィジョンが見えるようになった」とか、「本を読んでいる間中、腕がビリビリとした」とか、読後の感想としては異質な感想を数多く頂くようになりました。

これに関して私は当初、「プラセボ効果」（＝偽物の薬でも〝効く〟という思い込みがあれば、ある程度の効果が出る〈薬学用語〉）を疑い、あまり真剣には捉えていませんでした。なぜなら私は外資系製薬会社の社員であり、理論と科学で物事を判断するように訓練されているため、それらに裏づけられたものしか信用しないという、スピリチュアルの世界には珍しいタイプの人間だからです。

しかし、あまりにも多くの報告が出てきたため、その内容をよく吟味してみると、人によっては本を読むことによって〝多元世界〟を感じるようになる場合もあるという、自分でもどう説明すればいいのかわからないような事実がそこにありました。

ただ、これが嬉しいかと言われると、正直に言って私には少々落胆の部分のほうが大きかったのです。なぜなら、なんらかのメッセージを受け取ろうとして本を読んでくれるのではなく、単に超常的な感覚だけを求めて本を読む人が増えてきたため、こうした目的だけで読まれるのは作者としては虚しい気がしたからです。

しかし、私の体からではなくて、たとえ「本」という印刷媒体であっても、そういう波動というものは発せられるものであり、それが読者に変化を起こし得るということを知ったのは新たな収穫でした。それと同時に「私」という顕在意識の自分は、「もっと深い私」、つまり前著に書いた「ハイアーセルフ」に、実は連続的に導かれているのではないか？　という気づきが、おぼろげに見え始めてきました。

「ハイアーセルフ」とは文字どおり、「より高い自分」という意味です。日本語で言えば、指導霊というものに当てはまるものかもしれません。いずれにしても、人間は顕在意識の自分がすべてではなく、無意識の奥深くにより高度な自分がいて、その意識に目覚めれば、自分がなぜこの世に生を受けたのか、そして自分がこの現実世界で果たすべき役割とは何か、といったことに自然に導かれるようになるようなのです。

導きに沿うには直感に従って行動するのが一番いいと私は感じていたので、それ以降はまさに直感のままに（ただし、社会的常識は踏まえたうえで）行動するようになりました。

本の出版後、内容がそうなので当たり前なのですが、私の身の周りにはチャネラーやヒーラーといった人たちが多く集まるようになりました。

また、読者から頂くメールなどから、現代では数多くの人に「目覚め」が始まりつつあることを知りました。こうした人々は、社会的な地位などはまったく関係がなく、医師、会社員、主婦、学者など立場もさまざまで、全国に満遍なくいるのです。

数多くの感想を頂くことにより、「目覚めを望むすべての人に、その機会をつくりたい」という気持ちが私の中から自然に湧き上がり始め、やがてそれは「ワークという形でその機会を提供したい」という具体的な想いに発展していきました。

当時は、前著にも書いたレイキティーチャーの大田さんと親しくさせていただいていたこともあり、自分の体からレイキではない別の波動が出ていることをすでに知っていましたし、ワークをするにあたり、それを使わなければならないという直感もありました。また、言葉では至らない部分を音楽でカバーし、音楽で至らない部分を言葉でカバーするという、体験型ワークのイメージも内側から湧き上がってきていました。

さらに自分自身も経験してその効果を実感していたので、ヘミシンクも使えるようにと、いろんな人の援助を受けながらアメリカのモンロープロダクツと交渉した結果、本を出しているということも幸いしてヘミシンクの販売とセミナーでの使用を認めていただく契約を結びました。それらの準備は面倒なものではありましたが、準備ができてからの進行は非常にスムーズであり、会場やスタッフは私が動かなくてもあちらからやってきたのでした。

参加メンバーについても、すでに私はソーシャルネットワークシステムのMIXI（ミクシィ）に「驚愕の前世体験」というコミュニティを持っていたので、そこから難なく集まったのですが、これらはまさに現在まで連続して起こり続ける「シンクロニシティ」の始まりだったのです。

その後、現在に至るまでの展開はまさに「驚愕の今世体験」です（笑）。


モノリス・ワークと名づけたそのワークは、2007年7月に神戸で始まり、ここから札幌、仙台、新潟、千葉、東京、横浜、名古屋、京都、大阪、広島、山口、福岡、大分、那覇、石垣と、北は北海道から南は石垣島まで、2年半で全国で約50回もの回数を重ねるに至り、2008年にはパリでも開催されるようになりました。

なんの変哲もなかった中年サラリーマンの私が、ほんの少し根源の自己とのチャネリング※が始まっただけで、これほどまでに激変してしまったことはまさに驚きです。
※チャネリングとはテレパシーのような超常的な感覚がさらに拡大されたもので、目に

は見えない存在から、なんらかのメッセージを心の中に受け取ること。

普通のサラリーマンである私にとって、この変化はそれだけでも十分にぶっ飛んだ体験なのですが、ほとんどが土・日の休日を利用してのワークなのに疲れることもなく、また知名度もないのに、お陰様で初回からほとんど毎回が満員という盛況に恵まれるなど、自分にとってはかなり不思議な展開が始まったのです。

私のワークでは、波動を使って相手の無意識下にある心理的ブロック（コンプレックスや我欲、恐れなど）を昇華したり、参加者全員が同時にチャネリングをするトライアルをしてみたり、ヘミシンクを使って高次元からメッセージを得るチャレンジをしたりします。

ワークに参加した人が「目覚め」を経験するということはもちろんありますが、途中から予想だにしなかったことまでもが起こり始め、当時の私は随分と戸惑いを持ちました。それは何人もの参加者に前世からの繋がりでの「出会い」が発生したり、私自身の前世に関係する人が参加してくれたりというシンクロニシティが起こり、想像もできないような展開になり始めたためでした。

これは私も常に疑いを持っているのですが、前世の記憶というものは妄想である可能性があり、そう思い込んでハマってしまうケースも確かにあります。ただ、全部が全部妄想であるわけもなく、真実の出会いというものもやはりたくさんあるようなのです。

このことを説明するのは非常に難しいものです。

なぜなら「痒い」という感覚を経験したことのない人に、その「痒い」という感覚を言葉で伝えることができないのと同様に、「この人はかつて自分が産んだ子どもだ」という、母親として疑いようのない、魂の記憶を蘇らせた感覚を言葉で他の人に伝えるということは不可能なことなのです。

いずれにしても私は、ワークを続けることにより、実際の体験として高次元の存在や意図を知るようになり、また今の時代にはこういった目覚めが始まったり、その目覚めを求めている人が爆発的に増えてきている事実を確信しました。そして、そんな人たちが道に迷うことのないよう、自分の体験をわかりやすくまとめて本にする必要性を感じました。

私の想いに答えるかのように、ジャストタイミングで新たなシンクロニシティが発生し、お陰様で本の出版が決まりました。この本がそういった目覚めを求めている人や、すでに目覚めが始まっていても、誰にも言えずに孤独に悩んでいる人への励ましとなることができれば、非常に嬉しく思います。

この本ではチャネリングの実体とはどんなもので、どういう人がチャネリングをしているのか、それらは単なる妄想ではないのか、どうすればそれが起こるのか、もしもチャネリングが始まったら何に気をつけたらいいのか、などの疑問について、なるべくわかりやすく解説を加え、さらにアセンションとチャネリングの関係についても言及していきたいと思います。

目覚め始めたあなたは異質な人間ではありません。
人類は今、さなぎから蝶へと変身しつつあり、あなたにはそれが起こっているのです。
自信を持ってください。
目覚めようとしているあなたは、
本当の意味での生命を生きようとしているのですから。

はじめてのチャネリング　目次

第3章◉チャネリングの分類

第4章◉チャネリングで得る情報は本物か？

第9章◉覚醒し始めた人類

エピローグ

第1章

チャネリングとはなにか？

チャネリングとの遭遇

チャネリングという言葉を聞いてあなたはどう思うでしょうか？
この本を手にする人であれば、チャネリングというものに懐疑的な思いを持つ人は少ないでしょうが、実際の社会でこの言葉自体を知っている人はさほど多くないでしょう。もし知っていたとしても、怪しくて思い込みの激しい世界として捉えていたり、占いと同等に認識されている場合がほとんどです。

チャネリングというと、占いのように対面形式でチャネラーが相手の高次意識からメッセージを得て、それをその人に伝えるというパターンが知られているようです。これは別名「リーディング」とも呼ばれ、読んで字のごとく「相手のことを読む」ということになるのですが、実はこれだけがチャネリングではなくて、実際のチャネリングでは、自分一人だけで高次意識と繋がり、メッセージをもらう「一人チャネリング」というパターンもあります。

つまり、相手がいてもいなくても高次意識と繋がってメッセージのやりとりができれば、それはチャネリングであるということなのです。

最近は江原啓之さんなどが表に立って活躍されたこともあり、スピリチュアルな世界が誤解されることは以前より少なくなってきているようです。しかし、まだまだ世間全体から十分な理解を得ているとは言い難いものがあります。

かくいう私も、ついこの間まではごく普通の感覚を持つサラリーマンでした。社内では上司に気を遣いながらそれなりに頑張り、家に帰れば妻と子どもと犬に囲まれて過ごすという、当たり前の生活をしていましたので、チャネリングというもの自体と遭遇する機会はまったくありませんでした。

チャネリングやＵＦＯにはそれなりに興味はあったのですが、身の周りにそういう知り合いは皆無でしたし、まさか自分にチャネラーの知り合いが出来るなどということはまったく想像すらできませんでした。

しかも自分に「一人チャネリング」が始まるとなると、当時の自分にとっては天地がひっくり返るかのような大事件であり、はじめは自分が狂ってしまったのかと思い、病院に行こうかと真剣に悩んだものです。

私のはじめてのチャネリング体験

私自身にチャネリングが起こった経緯を簡単に説明します。

先ほども書きましたが、私はスピリチュアルなことに感心はあったものの、それまでは本当にごく普通の人間であり、時々その関係の本を読む程度のものでマニアックな知識や経験などはほとんど持ち合わせていませんでした。

またスピリチュアルなワークについても参加するほどの勇気がなく、料金も高かったのでそれまで参加しようという気は、まったくなかったのです。ただ、この年齢になると子どもも大きくなり、子育ての大変な時期が終わった空虚感や仕事上の行き詰まり感が出てくるもので、そういう意味で「何かをしなければ」という思いは高まっていました。そんななか、どうもタイミングというものはさりげなく準備されるようで、たまたま自宅の近くでヘミシンクという音響技術を使ったスピリチュアルワークが、開催されることになりました。

ヘミシンクとはバイノラルビートという分類のテクノロジーを使ったアメリカ生まれ

の瞑想方法です。これはヘッドフォンをつけ、たとえば右耳から105ヘルツ、左耳から100ヘルツという具合に左右の耳から周波数の微妙に違う音を聴かせて、その差から発生する5ヘルツの周波数に脳が同調し、深い瞑想などの意識状態を体験し得るというものです。

これは感覚よりも理論を重視する私のような男性には受け入れやすい方法であり、そういうテクノロジーにも興味があって、私は生まれてはじめて、及び腰ながらもその手のワークに参加したのでした。変化はワークを受ける前、自宅でヘミシンクを聴き始めた段階から表れだしましたが、ワークの本番時、私にはそのワークに参加された方々のなかでも突出した変化が起こってしまいました。

私ははじめてのヘミシンクワークで自分の悲しい前世を思い出し、追体験し、号泣してしまいましたが、ワークが終われば前の自分に戻ると100％疑いもしませんでした。

しかしそれは単なる始まりだったのです。

自宅に帰って、妻のワークに対する興味津々の質問攻撃を受けながら2階への階段を上る途中、「やれやれ、彼女も覚醒したほうがいいのかな？」と思った途端に、それは始まりました。

頭の中の声

【覚醒したほうがいい】

突然、頭の中で声が聞こえたのです。こんなことははじめてでした。そして、自分はよほど鈍感なのか、驚愕するというよりもなぜか、その声に再度質問をしていたのです。

「どうやって？」

【それは彼女のハイアーセルフが決めることだ】

またも頭の中でハッキリと声が聞こえました。その時はじめて私の中から「恐怖」という感情が湧いてきました。しかし相手はハイアーセルフ、つまり自分自身なので怖がる必要はないはずです。私は気を取りなおして、気になっていることを聞いてみました。

「なぜヘミシンクを聴いたあと、自分の脳はこわばるのか？」

【神経シナプスを急速に増加させているため、脳が興奮している】

神経シナプスとは脳内の情報伝達機構の一部を指します。あまりの答えに私は言葉を失いました。前著にも書きましたが、これが私のはじめてのチャネリング体験です。

私の素直な感想ですが、それは本当に、ただただ「怖かった」です。

頭の中で自分のものではない言葉が突然流れ出すのですから、その驚きは容易に理解していただけると思います。しかし、日を重ねるにしたがってその体験を受け入れ始めると、この「目覚め始めた自分」というものが実は本当の自分の姿であり、生まれてこのかた経験してきた三次元世界の現実のほうが、ある意味「うわべだけの世界」だったのではないか？　と思うようになりました。

自分の魂が本当に欲していたことは、この現実世界でお金を儲けたり、会社で出世したりすることではなくて、もっと宇宙的で愛に満ちた深遠な目的にあるということに気がつき始めたのです。

そういう経緯から、私は素直に自分の中から湧き上がる意図に従って生きるという選択をし始めました。

正直、これはかなりの勇気を必要とすることでした。しかし中年である私にとって残りの人生はそう長いものではなく、このまま自分の意図と違った人生を生き続けるということにも大きな疑問がありましたし、幸いビジネス社が私の原稿を採用してくれたこともあり、思い切って『ヘミシンクで起きた驚愕の「前世体験」』などという随分と大胆なタイトルの本を出版することになったのです。

前世を思い出すということは、生まれる前の記憶を蘇らせるということであり、それは自分の無意識の領域に閉じ込められた過去世の記憶を蘇らせるということです。そして無意識の記憶に目覚めるということは、過去世のみならず、今までその奥底で眠っていた自分の本質に気づき始めるということなのです。

先ほども書きましたが、私は今まで「うわべだけの世界」がすべてだと思い、その世界での成功のみが生きる目的のすべてであると思い込んできました。しかし「今まで気がつかなかった自分の本質」、つまりハイアーセルフとのチャネリングが始まることにより、今までの私からは想像もできないような変化が始まったのです。

サラリーマンとスピリチュアル

プロローグにも書いたように、それからしばらくして、私は自分の内側からの意図に従い、土・日の休日を利用して、各地で目覚めのためのワークをするようになりました。

今までスピリチュアルワークにはまったく参加したことのない、いわば「ど素人」の私が、たった1回のワーク経験のみで、一夜明ければ毎回満席になってしまうようなワークの主催者になってしまったのですから、本当に人生はわからないものです。

だからといって、私に社会人としての感覚が薄れてしまったわけではありません。やはり今でも、サラリーマンとして仕事を続けていますし、身の周りではそういったスピリチュアルな話をすることはほとんどないのです。

ただ本質的には、すべての人に目覚めが必要だと思っていますので、興味を持ちそうな人にはさりげなく話を振ってみますが、反応がなければそれ以上話を進めないようにしています。その結果私が感じることは、最近では女性にそういった話に興味を示す人がかなり増えてきているということです。

しかし依然として関心を持っていない人は多いですし、特に男性には、スピリチュアルそのものに対して大変な誤解を持っている人がかなりいます。

その原因のひとつに、いわゆる「スピリチュアルな人」の一部には、霊感商法に代表されるような、スピリチュアルとはまったく逆の欲まみれな人がいること。また、欲まみれではなくても世間からは理解の得られない、まるで異国語のような訳のわからない言葉を羅列するばかりの変人がいたことが大きな誤解を生んできたのではないかと思います。

しかし、時代の流れは確実に変わりつつあります。人間は本来スピリチュアルな存在であり、世界のどの国にも昔から神聖な概念があり、逆に物質重視の現代が、本来の人間が持つその神聖な概念から見て異端の時代であるのだろうと私は思っています。

だから価値観の混乱するこの時代、本来のスピリチュアルな存在としての自分を取り戻しつつある人が、急激に増えつつあるのでしょう。

ひょっとしたら現代は、この「多元的な存在としての自分」に目覚める人と、それに関心がない人との二極化が進んでいる時代なのかもしれません。

目覚めていく過程での現象「手のひらからエネルギー」

私に「一人チャネリング」が始まった当初は、実にいろいろと不思議な現象が起こりました。当時はそれらの現象にマニュアルのようなものがあるわけではないので随分と戸惑ったものですが、病気になったり精神に異常をきたしたりするわけではないことがわかってからは、結構冷静にその現象を観察しました。

これは私がワークを通じてたくさんの人の体験を見た後に知ったのですが、その不思議な現象は、目覚め始めた人や生まれつきそういう感覚のある人にかなり共通して見られる現象であるということです。ここでは目覚め始めた場合、どんなことがよく起こるのかを私自身の体験や実際に目の当たりにした経験から具体的に説明していきたいと思います。

以下、いろいろと身体的な変化をあげていきますが、この変化についてはどれが初期でどれが後期であるということはそれほど関係なく（少しはありますが）、それぞれ個人によって進行速度も深化のパターンも体験の有無も千差万別です。ですので、この変化がどの段階にあるのかということは一概には言えません。ただ、大まかな区別はできますので、それについては説明を加えるようにします。

まず、チャネリングには至らなくてもその前の〝目覚め始めた段階〟として「『波動』を感じるようになる」ということが多くの場合で起こります。レイキなどをしている人であればご存じかと思うのですが、最も多いのは「手のひらがジンジンする」感覚が起こってきます。

これは手のひらを通じてエネルギーが出ているときに起こる現象で、そういう場合、手のひらは真っ赤になり、サラミソーセージのように薄白っぽい斑点が出たりします。その手のひらを人にかざすと、その部分は温かくなり、場合によっては温泉のようにポカポカしてくるのでエネルギーが出ていることが容易に体感できます。

この状態が全身に広がる人がまれにいて、そういう場合、その人は波動を出している間、体は赤くはなりませんが、熱くなることになります。私の場合、11月の札幌でもワークをしている間だけは体が熱くて、ずっと半袖だったほどです。

また、人によっては手のひらから金粉のようなものが出てくる場合があります。「手のひらから金粉」というと、まるでサイババのようですが、もちろんたくさん出るわけではなく、光にかざして見ると「汗」のような細かいキラキラが複数見えるというものです。ただ、拭っても取れない固形物であることから汗でないことがわかります。

これは面白いことにグループの一人に出始めるとほかの人にも出始めることがよくあります。セロテープでそれを取った人がいるのですが、しばらくすると金粉は消えてしまったそうで、科学的に分析した人はまだいないようです。

「体中がピリピリ」「耳鳴り」「指の痙攣」「眠たくなる」…

「手のひらからエネルギー」という段階を経て、これも人によってですが、腕全体や体中が電気を帯びたようにピリピリし始めることもあります。これはヒーリング能力の開発と関係しているようなのですが、このような激しい状態は長続きすることはないようでせいぜい数か月でこの過敏な状態は収まっていきます。この初期の段階から、波動を感じると「耳鳴り」が聞こえるようになる人がたくさんいて、これはチャネラーであれば知らない人はいないくらい、よく知られた現象です。

この耳鳴りは、強い波動を持つ人や「存在」が近くに来たり、その人（存在）が主張を始めるとより強くなります(これは人間の意識そのものが波動であるための現象で、特に声という振動には、想像以上にその人の意識の力が強く入っているようです)。

その耳鳴りの音色をたとえていうなら「砂金を砂時計のように延々とガラス板に流す」ような感じの高周波ようの音色であり、相手の波動により音色が微妙に違ってきます。

また、非常に強い存在が来た場合は耳鳴りを超えて、「耳が塞がれた」ような感覚や内耳そのものがブワーンと一時的に振動することもあります。

ほかに起こり得る現象としては、指が痙攣するというものもあります。これは主に左手の小指の場合が多いのですが、ほかの指でも起こることがあります。これはなんらかの存在やエネルギーを感じる場合に多く発生し、パワースポットのような場所や、たとえ一人で部屋にいるときであっても、なんらかの存在を感知した場合にまるでセンサーのように指がピクピクします。

強い波動の場にいると「体が揺れる」という現象もよく起こります。これはクラウンチャクラという、人間の頭頂部にある天に通じるエネルギーの出入り口を通じて高次元と繋がったときによく起こる現象です。見えないエネルギーは螺旋を描いていることが多いので、瞑想した状態で無心でいると、いつのまにか勝手に体が揺れているのです。

宗教施設などで祈っている人の体がゆらゆら揺れている映像を時々目にしますが、その多くがこの現象だろうと私は思っています。

もちろんこれは自分の意思で容易に止めることが出来ますが、気持ちがいいのでそのままにしておくと、腕まで勝手にくるくる回りだしたり、感度の高い人だと足が動き始めることもあります。神事の際、巫女が優雅に舞うことがありますが、踊りの原型はここにあるのではないかと思います。

そのほか、「胸が押されるような感覚」というものも多くの場合で出てきます。これはちょうど胸のチャクラの部分に圧迫感を感じるもので、それが進行すると、圧迫感が「スースーとした清涼感」へと変化することもあります。これはハートのチャクラが開き始めたということで、さらに開いていくとフリスクを胸いっぱいに詰め込んだかのような激しい清涼感が、胸だけではなくて背中にまで及ぶこともあります。

このハートのチャクラの開発がひと段落つくと、次は額のチャクラの部分がムズムズし始め、それが過ぎるとその次は頭頂にあるクラウンチャクラやこめかみの部分に圧迫感やグリグリ感を感じるようになります。

この「クラウンチャクラの部分の圧迫感」は意外と広く、私の場合はちょうど首と同じぐらいの太さで感じています。額のチャクラはヴィジョンや洞察力に関係していて、頭頂のクラウンチャクラやこめかみの部分は高次元と繋がることに関係しているといわれています。

額のチャクラについて、私の場合は繋がりが深くなっていくと、その部分に虫さされのような赤い斑点が三つ、∴状に出てきて、その後なぜか日焼けのような感じで、皮膚がこれまた△形にポロポロと剝がれていった体験があります。これは後日、私の妻も目覚め始めた時期に同様の体験をしているのですが、ほかでは聞いたことがないので、どういう意味なのか自分でもいまだによくわかっていません。

ヴィジョンや示唆的な夢を見始める

ほかによく起こる現象として、「やたらと眠たくなる」というものがあります。

「眠たくなる」という感覚ですが、日本語としてほかに適切な言葉がないため、たいていの人は「眠たい」と表現してしまいます。しかし、よくよく聞いてみると従来の「眠気」とは少し違うのです。それは今にも眠ってしまうという感覚とは違い、「強制的な安静」という表現がぴったりくるような感覚です。仏像の目は見方によっては眠たそうに見えますが、あの仏様の目が、ここでいう「眠たい」状態を表しているのだろうと私は思います。

視覚的にはこの無意識の領域に目覚め始めた時期から、額のチャクラの開発と相まって、寝起きなどのまどろんだ状態の時にヴィジョンや示唆的な夢をよく見るようになりますが、人によってはオーラなどが見えだすこともあります。これは最初のうちは「体を取り巻く白いモヤ」のように見られることが多いようですが、ほどなく色がついて見え始めます。

「見える」ということに関しては、それこそ人それぞれに見え方が違うようで、オーラや光が見える人、空気中のエネルギーの動きが見える人、妖精や天使、霊体など、人以外の存在が見える人、それらを複合していろいろな見え方があるようです。

また、当たり前ながら、普通は天使を見ることなどはあり得ないと思われていますが、実は天使という存在は、必ずしも絵に描いたように翼を持った優雅な姿ばかりではないようです。一般的に天使は翼を持った金髪の人間の姿をしているという固定概念があるため、見える人は固定概念というフィルターを通じてそう見ているようで、実際には天使は「青く光る珠」として見られることが多いようなのです。

これは周りの人たちが体験した「青く光る珠」現象を総合的に見て私が判断したものですが、じぇいど♪さん著『なにが見えてる？』（イースト・プレス刊）の中にも同様のことが書かれてあります。

「青く光る珠」現象

「青く光る珠」は何気ない日常の一コマに出てくる（なぜかトイレが多いのは、落ち着くから？）ことも多々ありますが、悲しいシーンでも、それが〝祝福〟である場合には見られるケースがあります。私の場合は、わが家のペットが亡くなる寸前の危篤状態の時に娘が青い珠を部屋のあちこちで見ており、これはペットの魂を天国に連れていくために天使がやってきてくれたのだろうと私は理解しています。

せっかく天使が「青く光る珠」として現れているのに、それが単なる目の錯覚として受け止められてしまっているケースは多々あるようで、これを天使だと認めてしまえば、それを見た人の数は飛躍的に増加するのではないかと思います。

さらに比較的よく起こる現象に「振動」というものがあります。これは単純に波動を振動として感じているもので、その人の波動が上昇していくときに感じられることが多いようです。具体的には背骨のあたり、ヨガの世界では「プラーナ管」と呼ばれる背骨に沿ったエネルギーの管を中心に、全身が弱いバイブレーターになったかのように振動するもので、私の場合は24時間365日、常に微細な振動を感じています。激しく振動しているときにはそれだけで当たり前に自覚ができるのですが、自分が微細に振動しているのかどうかを確かめるには、上の歯と下の歯が微妙に触れる程度まで顎を緩めてみるとよくわかります。

寒い日のようにカチカチと鳴るようであれば、それがそうです。ただ、自分の心臓の鼓動によってもカチカチはしますし、実際の振動はそのリズムよりも遥かに速いものなのでそれと勘違いしないようにしてください。

また、これはあまり知られていないようですが、自分自身を受け入れられるようになると「声」そのものが変わります。私自身もそうなのですが、以前の声よりも変化後の声のほうが丸みのある音色になっています。これは意識の振動数が変わるため、具体的に振動としての声そのものも変化するためであろうと私は思っています。

変化がかなり進行していくと、まれに自分の体が一瞬、「密度を失う」という体験をすることもあります。これは椅子に座っているときに突然椅子を引かれたような感じでストンと落ちる感覚だったり、普通に歩いているときに不意に落とし穴にスコンと落ちるような感覚だったりします。この感覚は霊体の密度が変化し始め、三次元とは違う世界に瞬間的に入ってしまうことにより起こる現象なのではないかと思います。

頭の形が変わる

また、かなりぶっ飛んだ内容なので書かずにおこうとも思いましたが、これは私が知っている事実なのであえて説明させていただきます。

変化が進むと頭の形が微妙に変わり始める人がいるのです。ただし、これが起こるのはごく一部の人で、また坊主頭でもない限り外観からはわかりません。仏像の頭には、肉髻《にくけい》と呼ばれている頭の真上の部分がもっこりと盛り上がった部分がありますが、頭蓋骨があれほど目立つものではなく、ちょうどその肉髻を小規模にしたような盛り上がりに変化するのです。

これは、目覚めの始まりとともにしょっちゅう頭の内圧が高まるような感覚を持った人に起こるようで、どうも頭蓋内部からの圧力が関係しているように思います。ただ、ご本人は「仏」とは程遠く、怒りもすれば泣きもする普通の人ですので、素性までもが仏になるわけではないようです。

そのほか、ヒーラーであれば経験している人は多いのですが、家電製品やパソコンなどの電気製品を故障させてしまうこともよくあります。単純に頻繁に電球が切れたり、ＦＡＸが壊れたり、パソコンがあり得ないような異常をきたしたりすることもあります。

この原因については、あるチャネラーがこんな実験をしています。電磁波測定器を使っての実験ですが、彼女が電化製品に近づくと、今まで出ていた電化製品の電磁波がピタリとやんでしまうのだそうで、これは電化製品を替えても同じことが起こったそうです。つまり、可能性として彼女が電磁波を中和してしまうようなエネルギーを発しているか、それとも吸い込んでしまうのか、ということが考えられます。いずれにしても面白い結果だと思います。

シンクロニシティと宇宙の流れ

また、それ以外の変化として……、おそらくこれが最も重要な変化ですが、自分自身の波動が上がれば周囲の人間関係が変わり始め、自分と同じ考えや志向を持った人たちとの※シンクロニシティによる出会いが多発し始めます。

※シンクロニシティとは、偶然起こったことなのに、結果的にはまるで計算したかのような必然性がそこに潜んでいるという出来事。

自分と同じ考えや志向を持った人たちとの出会い……、つまりこれは新たなソウルメイトとの出会いであり、波動の上昇は霊的に新たなステージへの入り口に繋がっているためです。

シンクロニシティの発生は人間関係だけにはとどまりません。

たとえば、献身的な愛に目覚めた人が、その想いを広く伝えるイベントを企画したとします。そうすると、そのイベントに必要なスキルを持つスタッフがあちらからやってきたり、イベント会場が予約で埋まっていたのに突然キャンセルが出たり、イベントが赤字になりそうな場合には思いがけない寄付金が入ってきたりと、嘘のようにとんとん拍子に話が進んでいくことがよく起こります。

このシンクロニシティについては、なぜそういうことが起こるのか、普通の感覚からすると理解しがたいものがあるでしょうが、精神分析学の巨匠であるユングもその原理を提唱しており、広く認められている現象なのです。

シンクロニシティが頻繁に起こり始めるということは、その人の志向する方向性が宇宙の意思の流れに沿ったものであり、宇宙がそれに協力してくれるようになるということです。

逆に言うと、いつまでたっても欲やエゴに振り回され、宇宙の流れに沿わない生き方をしている人の場合、よほどの役割や学びがその経験に設定されていない限り、コケてばかりいることになります。

しかし、生きざまというものを通じてしか人は学べないのであり、コケることも貴重な体験だといえます。

ある意味それは「学ぶために起こる逆シンクロニシティ」ともいえるので、そこに「悪い」という判断を下す必要はないと私は思っています。

第2章

実際のチャネリング

高次元の世界は本当に実在する

プロローグで私は、チャネリングについて「テレパシーのような超常的な感覚がさらに拡大されたもの」と書きましたが、現実にはチャネリングにはっきりとした定義というものはありません。

ひょっとしたら、それこそチャネラーの数だけ定義というものがあるのかもしれませんが、それでは話は前に進みませんので、ここでは、チャネリングというものを私の体験からさらに詳細に定義してみたいと思います。

「チャネリングとは、自分の意識の深層、また宇宙や地球に存在する意識体と、精神感応によってなんらかのコミュニケーションをとる行為である」

随分と偉そうな言葉を使いましたが、要するに、なんらかの意識と繋がるということです。これは従来のテレパシーの概念とは少し違い、テレパシーが「人対人」で言葉を使わずにコミュニケーションを持つことであるのに対して、チャネリングはテレパシーをも含んで、さらに広く、目に見えない存在ともコミュニケーションをとるというものです。

聖書の中にも、「これはチャネリングであるだろう」と思われる具体的に見えたヴィジョンについての詳しい解説があるように、この感覚は、大昔から延々と人間に備わり続けてきたものであると、スピリチュアルの世界では理解されています。

私たちは3％の情報しか手に入れられない

私たちは生まれてこのかた、目に見えるものがすべてであり、目に見えない世界は存在しないと思い込んで生活してきました。しかし、大脳生理学では人間の目という感覚器は電磁波のほんの一部しかとらえられないということがわかっており、しかもその感覚器から網膜を通じて入ってくる情報は視床で80％除外され、大脳皮質に伝えられるとさらに85％が除外されるということも判明しています。

つまり、私たちはもともと限定された一部の情報しか入手できていないのに、さらに制限をうけ、視床で20％しか生き残らなかった情報が大脳皮質でさらに15％に絞り込まれるため、〔0.2×0.15＝0.03〕、つまり最終的には3％の情報しか認識できていないということになります。

現実にオーラが見える人が存在したり、人間の感覚器の限界を超えてオーラを写真に撮る技術まで開発されてきているということは、十分納得のできる話であり、それを否定するよりも、逆にそういう現象があることを肯定して研究するほうが、人類にとってよりよい選択になるのではないかと思います。また、量子力学の世界では、この三次元世界と同じ空間に共存する現実が無数に存在するということが、常識になっています。

たとえるなら、ラジオのダイヤルがこの世界の周波数に合わされているから見えるということであり、外には周波数の異なる多元世界が無数に存在するというのです。

鋭敏な心と、見える目と……

聖書にこんな一節があります。

「神は、彼らに鈍い心と、見えない目と、聞こえない耳とを与えて、きょう、この日に及んでいる」（『ローマ人への手紙』第11章8節）

疑い深い私自身がこれまで周りのチャネラーを通じて目の当たりにしてきた事実は、まさに「鋭敏な心と、見える目と、聞こえる耳を与えられている」といえるものです。嘘をついている人からはその裏にある本音を感じ取ることができます。高次元の存在が降りてきたときには、光や波動としてそれを感じ取ります。また、人間の意識を超えた叡智や宇宙の秘密についても、場合により聞いたり感じたりすることができます。

もちろんチャネラーにも個性があるので、それら全部を一人で感じ取れるというものではありません。また、後で書きますがチャネリングのメッセージがすべて当たっているということもありませんし、その人が得るメッセージが素晴らしいからといって、その人の人格と必ずしも一致するわけではありません。

しかし、普通に生活をしている私がチャネリングをしているということは事実であり、これは高次元の世界が実在することへの証明になるかと思うのです。

チャネリングで繋がる必要のある存在

先ほど、高次元という日常生活ではあまり聞きなれない存在についてお話ししました。

ここでは私の体験を踏まえたうえで、チャネリングをするにあたって必ず繋がっていないといけない存在について、ある程度説明をしていきたいと思います。

まず、スピリチュアルの世界で一般的に「ハイアーセルフ」という呼ばれ方をしている存在についてお話します。

これは私たち自身の根源そのものであり、私たち自身の魂のもととなるもので、転生を通じても入れ替わるということはありません。たとえば、私たちが樹木の葉っぱであるとすれば、ハイアーセルフは樹木の根っこの部分です。葉っぱが枯れ落ちることがあっても、根っこは微動だにすることはなく、次に生えてきた新たな葉っぱに水を供給し続けます。ですので、これが私たちを裏切ったり欺いたりするということはあり得ず、最も信頼のおける存在であるということになります。

次に、ハイアーセルフ以外で繋がっていなければならない存在について説明します。これは、一般的には「ガイド」と呼ばれています。

ガイドについては、複数の意識体が私たちを支えてくれていると一般的には言われており、私や周りのチャネラーの体験からしても、実際に複数の意識体とコミュニケーションをとるということはよくあり、面白いことに、それぞれの性格や声質（イメージとして頭の中で聞こえる声）の違いもあります。冗談をよく言うガイドもいれば、真面目なガイドもいたりして、結構バラエティに富んでいます。

ガイドは私たちをサポートするために来てくれているのですが、私たち自身の発達の段階に合わせて入れ替わることがよくあるようです。彼らは厳密に言うと「私たち自身」ではないのでほかの人をサポートすることもありますし、単純に彼らの世界に戻ることもあります。しかし、やはり私たちにとって、繋がって安心できる存在であることに変わりはありません。

ハイアーセルフとしっかり繋がってさえいれば、ガイドの選択もハイアーセルフがしてくれるようで、経験値に応じて、必要なガイドが必要な時に来てくれます。

「ハイアーセルフ」と「ガイド」

今までこういうことを言う人はいなかったかもしれませんが、現在肉体を持って普通に生活しているにもかかわらず、過去世では〝意識体〟としてほかの人のガイドをしていた記憶を持っている人を、私は知っています。そういう人の霊性は非常に高く、こういった多元的な感覚も非常に鋭敏なものを持っています。

しかし、今世でこの波動の粗い三次元世界に肉体を持って生まれてきたことは、その人にとっては大きな苦痛を伴うものであり、自分をこの世界に合わせるために大変な苦労を費やさなければならなかったそうです。

その他の存在についてですが、これについては天使や宇宙の意識など、実にたくさんの存在がいます。しかし、上記のようにそれぞれの中から必要があれば、たとえ一時的にでもガイドとしてハイアーセルフの管理のもとにやってくるものがあると私は思っていますので、プロでもない限り、あえて繋がろうとしないほうが懸命かもしれません。

これについては後ほど詳しく話を進めていきます。

簡単なチャネリングの手順

チャネリングをするには、まず自身の動機というものが最も大切ですが、それは後で詳しく書くとして、チャネリングを始めるにあたって役に立つ、ヘミシンクのツールを一部取り入れた「簡単なチャネリングの手順」をここで提案しておきます。

実際のチャネリングではこういう様式的なことをやる人は私も含めてあまりいませんが、今まで経験のない人が、チャネリングをリアルにイメージできるようにまとめてみたものです。初歩の準備体操としてトライするには、こういう方法もいいかと思います。

なお、ここでは一人ですることを前提にしていますが、人が多くてもその場が愛に溢れた環境であれば、そちらのほうがより好ましい場になります。またヘミシンクを使う場合はそれに適したツールがありますのでそちらを参考にしてください。

①基本姿勢として、「入手する」のではなく、心の壁をなくして「受け入れる」ことを意識する。
②自然の中に身を置いて五感を研ぎ澄まし、鳥の声や木々の匂いを感じ、一体感を持つ。
③服の上からでいいので、日の光をある程度浴び、この恵まれた環境に感謝をする。
④ノートとペンを用意し、寝室など自分が落ち着ける場所で一人になる。
⑤邪魔でなければ、聖歌など自分が神聖と感じる音楽を静かにかける。
⑥仰向けでもいいが、寝てしまうようであれば椅子や床に座り、目を閉じる。
⑦服を脱ぐように雑念を脱ぎ捨て、それを想像上の金庫に入れてしっかり扉を閉める。

⑧「これから〇〇分間、自分は日常から離れます」とアファメーション（宣言）をする。
⑨息を吐きながら、眼球の裏で自分の脳を見る感覚で内面世界に入っていく。
⑩肩の力を抜き、身体の緊張を解いていく。
⑪心の中で「もしも私の願いが宇宙の意図に沿うものであれば……」に続けて自分が知りたいことを質問する。
⑫メッセージが降りてきたら、その都度メモをする。
（メッセージに関しては、たとえ妄想だと思っても必ずメモをする。そうしないとたいてい忘れてしまうし、進歩しない）

最初は何も浮かんでこないか、妄想ばかりになると思いますが、こまめにメモをとるうちにだんだんと変化が感じられるようになるので、とりあえずこの時間だけは心に浮かぶものをすべて肯定し、ある意味「あつかましい」自分を受け入れるようにしてください。

気心の知れた友人同士であれば、一緒に同じテーマでチャネリングをしてみるのもいいでしょう。似たような結果が出てきて、驚くことがあるかもしれません。ただし、ネガティブなテーマは避けて、明るいものだけにしてください。また、ネガティブなメッセージが来た場合は、第7章にある「低次元からの具体的なアタック例」を参考にしてください。

チャネリングは依存関係を生みやすい

次に、チャネリングを受ける際に気をつけなければならない点についてお話しします。

まず、チャネリングと依存の関係についてですが、これは多かれ少なかれたいてい発生する問題で、自分に自信がなく、自分というものがしっかり確立していない状態の人は、必ずといっていいほどチャネリングに依存をしてしまいます。

自分を見失いそうになったり、恋愛問題でどうしても答えが見つからないときなど、生きていくうえで努力だけではなかなか答えが見出せないことはよくあることです。そんなときに、チャネリングを受けて自分のガイドやハイアーセルフからアドバイスを受け取るということは、より前向きに生きるためにいいことだと思いますし、心理カウンセリングという、世間的に認められた方法も選択肢のひとつであると私は思っています。

しかし、それはあくまでも自分自身が努力をしたうえで、それでも乗り越えられないときに相談するという姿勢を保たなくてはいけません。安易に答えを求めようとするのは、自分自身が単純に楽をしたいだけなのだということに気づいてほしいのです。

悩みを持つということは自分に負荷を与えるということであり、自分が成長するためのチャンスです。このせっかくのチャンスに対して安易にチャネリングに頼るということは、自力で山を登りながら筋力を育むという機会を捨て、タクシーで簡単に山頂まで行ってしまうというようなものであり、些細なことで頻繁にチャネリングやヒーリングを受けるという行為を、私はよしとは思っていません。

これはまたチャネラーにもいえることなのですが、意識的にせよ、無意識にせよ、クライアントに依存をさせるような姿勢を持ってはいけません。

チャネラーも人間なので、「常に崇められたい」という弱い気持ちが自分の中にあるということをよく自覚し、チャネリング能力を人に見せつけることによって「いい気分でいたい」という、くだらない幻想にとらわれることのないよう、自分に厳しくあり続けなければならないのです。

晩御飯のメニューまで聞いてはいけない

依存がひどくなってくると、自分自身では何も決められなくなっていきます。引っ越しも、仕事の悩みも、子どもの受験も、すべてチャネリングに答えを求めるようになります。笑い話になりますが、そういう人がチャネリングをすると、挙句の果てには、晩御飯のメニューまでチャネリングで答えを得ようとしたりする、というのを聞いたことがあります。

こうなってしまうと大地にしっかりと足を着けた、いわゆるグランディングのできている生活からは離れてしまい、生きているのに、まるで幽霊のように生命感の希薄な人間になってしまいます。少し考えればわかることなのですが、ガイドやハイアーセルフが、晩御飯のメニューまで答えてくれるわけがないのです。ですので、その人のチャネリングの相手は単なる妄想か、または単なる友人程度の意識の存在であるということになります。

この「自分に自信がない」という状況は、多かれ少なかれあらゆる人が抱えているものです。つまり、シビアな見方をすれば、すべての人がチャネリングに依存をしてしまう可能性を持っているといえるのです。

かくいう私も、悩みに悩んだときにはカードリーディングという方法で、自分にチャネリングをしています。しかし、努力すれば自分で解決できる問題や、現時点では私に教えるべきではない問題についてまでハイアーセルフは答えてはくれません。

ガイドやハイアーセルフは常にその人の人間的成長をサポートしてくれています。

ですので、それに見合った努力をしたうえでチャネリングを受けるのがベストなやり方であるといえます。

チャネリングができる人は特別か？

あなたはチャネリングができる人を特別だと思っていないでしょうか？

まさかとは思いますが、神から特別な能力を与えられた人だとか、人間を超えたすごい霊性の持ち主であるとか、相当な勘違いをしてはいないでしょうか？

結論から言えば、チャネリングができる人は別に特別ではありません。確かにこういった感覚に鋭敏ではありますが、だからといって、その人が人間的に優れているというわけではなく、その人は、いわばパイプ役となって存在からのメッセージを伝えているにすぎないのです。その人の口から高度な愛のメッセージが流れてきたといっても、その人がメッセージを伝えた主体ではないので、パイプ役として評価をすることはあっても、人間としての評価に繋がることはありません。

モーツァルトがこんな名言を残しています。

「僕はくだらない人間だが、僕の音楽は素晴らしい」

これは一般的なチャネラーのこととして理解してほしいのですが、チャネラーなら誰もがものすごく愛にあふれているということではないのです。ただ、日頃からそういう高次のメッセージを得ているため、そのメッセージを血や肉として自らの中に取り込み、なるべくその状態に近づこうと謙虚に努力している人は数多くいます。しかし、そういった場合でも、やはりあくまでも人間ですので、完全体にはなり得ないのです。

極端なことを言うと、ハイアーセルフなどは高次元の存在ではあっても神ではないので厳密には完全体ではありません。ですので、チャネラーを特別視したり、ましてや崇拝するなどということはその人のためにはよくないことなのです。

人間である以上、「人から尊敬されたい」、「人から崇められたい」という欲望の種を完全に消すことはできないもので、いわばそれは人間の弱みでもあります。

あなたがもしもチャネラーを特別視したり、ましてや崇拝してしまったりすると、逆にその人の欲望の種を刺激して、かえって相手の意識レベルを下げることに加担してしまうことになります。だからといって、妙になれなれしくするということではなく、要するに普通の人としてつき合えれば、いい関係を保つことができるということです。

生まれつき感度が高い人は多い

それでは一体、どういう人がチャネラーになるのでしょうか?

私の経験から最も多いと思われるのが、「生まれつき」というものです。これは意外かもしれませんし、私自身も非常に驚いていることなのですが、ワークの回数を重ねれば重ねるほど、生まれつき感度が高い人がかなり多いという事実を知ることになりました。これはチャネリングに限らず、オーラが見えたり、霊体を見たり、過去世を見たりという多元的な感度が生まれながらにして備わっている人はとても多く、しかも、その感覚を隠し、表に出していない人がかなりいるということなのです。そういう感覚のない普通の人間は、感度の高い人という存在に一種あこがれのような気持ちを抱くことがあるかもしれません。しかし、実際にそういう人から話を聞くと、とんでもなく不幸なこととして語られることが多いのです。

まず、まだ幼児の段階で、言っていい、悪いの判断がつかない時期に「あそこは火事になる」とか、「死んだ人がそこに来ている」とか言ってしまうと、親からはそういう事は言うなと抑え込まれます。また、夜寝ていて何かの存在が部屋にいることに気づき、怯えて親に訴えても、親にはそういう感覚がないので、取り合ってもらえません。

人の心も読めるケースは、さらに悪化していきます。

人当たりのいい言葉を使う人が、実は人に対して憎悪しか持ち合わせていなかったり、愛想のいい人が、人をけなしたりばかにしたりしている本心が見えてしまうのです。人間の本質は汚いものだということを子どもの頃から読めてしまうことを想像すると、これがいかに本人にとってつらいことであるのかは、容易に想像できるでしょう。

子どもという、人としての基本的な精神構造を組み立てる時期に、親から否定されたり、人を信じることができないということは、その人にとっては強い自己否定の原因になり得ます。つまり、生まれながらに高い感覚を持つ人にとって、その感覚は脅威そのものであり、押し潰されてボロボロの状態になってしまうことが多いのです。

私のワークにはそういう高い感覚を持った人がたくさん来ます。もちろんそういう自己否定に飲み込まれることなく、しっかりと現実生活を送っている人はいます。しかし、自己否定の深さ故に何事に対しても逃避的になってしまう人もいますし、自分を防衛するために嘘で身を固めて防御するという、悲しい癖が付いてしまっている人もいます。

そういった感度の高い人について、そんな人がどういう悲しみを抱えているのかを、参加者のA子さんのワーク後のシェアからご紹介します。

A子さんのシェア

私は常に　人が怖かったんです

私はちょっと変わっているから……

だからいつもいじめられてきたんです

小学校のころから、仲間はずれにされて……
「汚い」とか、「うざい」とか言われて
先生も全然自分を守ってくれなかった
自分としては普通にしているつもりなんだけど
皆と仲良くなりたいのに……
私の言うこと、私のすることが皆から嘲られたり、バカにされたり
正直、学校に行くのが嫌で嫌で
「助けて」ってすがっても誰も助けてくれなくて
自分はこの世で独りぼっちなんだ……なんで自分なんか生まれたんだろうって
自分なんか生まれてこなければ良かったのに
だから今回、ここにくるのが怖かったんです
また皆に笑われるんじゃないか、バカにされるんじゃないかって……

でも、皆が私のことを受け入れてくれて
皆が私に優しくしてくれて
私、生きていてもいいんだ……私、ここにいてもいいんだ……って
本当に嬉しかったです

チャネラーには、つらい人生を歩んできた人がとても多くいます。しかし、実際にそれを経験しているからこそ、人に寄り添い、悲しみを癒すことができるのかもしれません。

私のワークに限らずでしょうが、チャネリングなどにトライするワークであればそういう感覚について参加者全員が肯定的であり、否定する人は一人もいません。

「やっと自分の居場所が見つかりました」

彼女のように、また笑われるのではないかと、自分の感覚に怯えながら参加してきた人から、この言葉が出てくるのを私は今まで何回も聞いています。

チャネリングにしても、宇宙から来たという記憶の持ち主にしても、実はそういう人

はとても多くて、地球が大きく変容しようとしているこの時代に、爆発的にそういう人たちの目覚めが始まっているように私は思うのです。

「カードリーディング」

チャネリングについて多くの人が「妄想ではないの？」とか、「自己顕示欲からいい加減なことを言っているのではないのか？」という疑いを持つのは当然かと思います。

私自身も非常に疑い深い人間なので、自分のチャネリングにもなるべく完璧を求める結果、高次元とより正確に繋がるために、カードを使ったチャネリングという方法を補佐的によく使います。

これは、トランプのような感じの44枚のカード（エンジェルカード）に「母親との関係」とか「優先順位をつけましょう」とか、象徴的な言葉と解説が書かれてあるものです。

このカードを使ったチャネリングは、「カードリーディング」と呼ばれ、私の場合はまず44枚のカードからすべてのカードを裏返しのまま一枚ずつ手に取り、波動を感じたものをすべて選ぶという方法をとります。選ぶべきカードを手に取ると、その瞬間、電気ショックのような波動を腹筋のあたりに感じるので、それがわかります。ただ、その電気ショックがどこから来るのかは、私にも説明は出来ません。

これは、最後にひっくり返すまでは何が書かれてあるのか、自分にもクライアントにもわからないので、自分の妄想が入り込みにくいよい方法かと個人的に思っています。

私のカードリーディング例から、高次元は実在するという例をあげてみましょう。

これはある若い男性をリーディングした結果です。

1枚目　Brothers and Sisters（兄弟・姉妹）
2枚目　Worth Waiting For（待った甲斐がありました）
3枚目　You Are Gifted（あなたは素晴らしい才能に恵まれています）
4枚目　Practice（練習）
5枚目　Simplicity（シンプルに）

6枚目　Definitely Yes（絶対にイエス）
7枚目　Family Culture（家族の文化）
8枚目　It's Okay to Be Different（人と違っていても大丈夫）
9枚目　Believe in Yourself！（自分を信頼しましょう！）
10枚目　Share（分かち合い）

その場では彼は、このカードが何を意味しているのかわからないようでした。しかし、その後1か月ほどして彼の中から気づきが生まれてきたのです。

彼は、幼い頃から自分の兄に対し、学校の成績からスポーツの順位まで常に負けており、親の何気ない比較の言葉にも大きな傷を心に受けていました。

その結果、彼は「自分は兄には勝てない」という劣等感に完全に支配されるようになり、ついには「自分は駄目な人間だ」と、どんなことに対しても自分を否定し、可能性を無意識の中に閉じ込めてきたことに気づいたのです。

もう一度リーディング結果を見てみてください。

彼が無意識レベルに閉じ込めていた兄弟へのコンプレックスをガイドは指摘し、

さらに励まし、家族の絆を大切に、これからも兄弟仲良く分かち合って生きることをすすめてくれていたのです。その後彼はそのことに気づき、勇気を持ってそれを公表し、自分で自分を癒やすことに成功しました。

余談ですが、その後私は、今度は彼のお兄さんをチャネリングする機会にも恵まれました。お兄さんのチャネリング結果では、彼は弟が生まれたことをきっかけに、自分が母親に甘えてしまうと、母親の負担が増えてしまう、と幼いながらも気遣い、その優しい心から、ずっと自分の感情を抑えて母親に甘えることを我慢し続けていたことがわかりました。母親に十分甘えられなかった感情が、寂しいインナーチャイルドとして、そのまま大人になっても彼の無意識層に残り続けていたのです。彼はチャネリングでそれを知ることによって、自分の中に癒やすべき自分がいたことに気がつきました。

それを知った弟は、兄が自分のために我慢してくれていたという過去を、感謝とともに受け止め涙ぐみ、兄は、今まで気づかなかった弟の劣等感という名の悲しみを思いやり、涙ぐみました。この兄弟はお互いがお互いに癒やし合うという結末を迎え、今では大変仲のいい兄弟になっています。

第3章

チャネリングの分類

メッセージを受け取る感覚

本章ではチャネリングそのものについて、わかりやすいように分類をしていきたいと思います。しかし、これは随分と大胆なことでもあります。

なぜなら本来チャネリングというものは分類できるものではなく、それこそ、チャネラーごとに、それぞれ感覚が違うため、一つの型にはめてしまうこと自体に無理があるからです。しかし、それではいつまでたってもわかりやすいように説明ができないので、ここではあえて説明を試みてみます。なお、これらの説明は多分に私個人の主観が入りますので、最初にそのことをお断りしておきます。

まず、メッセージを受け取る感覚についてお話しします。

チャネリング時にやってくるメッセージですが、言葉によるメッセージ、ヴィジョンによるメッセージ、インプレッション※によるメッセージがそのほとんどを占めています。

※インプレッションによるメッセージとは、対象との関係性や意味が瞬時にわかること。

ほかには波動などの体感的な受け取り方もありますし、天使が来たときに限っては、花がないにもかかわらず花のようないい香りがそこに漂うということもあります。

言葉によるメッセージ

言葉によるメッセージとは、現実的に耳の鼓膜を通じて「音」としてメッセージが降りてくるということはあまりなく、頭の中に言葉が入ってくるというパターンがほとんどです。

この「入ってくる」感覚は、たいていの場合はリラックス時に話しかけられるというものであり、瞑想中や就寝前後に短いフレーズが出てくるということがよくあります。

感度が高い人の場合は、自転車に乗っている時とか、髪をドライヤーで乾かしている時に突然メッセージが降りてくるというようなパターンもありますし、状況が許せば、ガイドと長い会話ができてしまう人もいます。ほかには、あり得ない場所で子どもの歌声を聞いたりして不思議に思い、よく考えると鼓膜を通じて聞いたのではなくて、頭の中で聞こえていたということもあります。

いずれにしても、やはりこのパターンは言葉であることが多いので、受け手にとって「わかりやすい」という利点があります。しかし、言葉によるメッセージの場合は「知識として知っただけ」という、身につかない底の浅い理解になることもあります。

また、同じ意識体なのにアメリカ人の場合は英語、日本人の場合は日本語で繋がるということに疑問を持ったことがあるのですが、これは言語になる前の思念がそのままこちらに入ってくるということなのだそうです。私の場合は、人名などの外来語が入ってくるときには、なぜか完璧な英語発音で入れられてしまうので、あとでその単語を探すのに苦労することがあります。

信号のような言葉

ほかに、言葉によるメッセージとして、感度がかなり高くなってくると地球人の発する言語ではない、意味不明の信号のような言葉を受け取る人もいます。かなり怪しい話ですが、これは、相手の宇宙意識の思考形態そのものが違う場合(光や音で思考する)で、まだ三次元に慣れていない場合によく起こります。たいていの場合、ほどなく相手のほうがこちらに合わせてくれるようになるか、あきらめて去っていく？　ので、しばらくそのままにしておくしか方法はありません。音関連では、言葉の代わりに聞いたことのない音楽が聞こえてくるというケースもあります。

ピタゴラスの言葉に「音楽は魂を調律する」というものがありますが、音楽というものは魂の成長にとって言葉を遥かに超える力を備えているものなので、魂の教育期にはあちら側から音楽によるアプローチが頻繁に行われることがあります。

ヴィジョンによるメッセージ

次にヴィジョンによるメッセージについてお話しします。

これもいろいろなパターンがありますが、主に多いのはリラックス時に、映画のワン・シーンのような画像がフッと浮かんでくるというものです。これも網膜を通じて視覚神経的に見るということはあまりなく、頭の中に1秒程度の短さのヴィジョンがパッと浮かんでくるというものが多いようです。

ただ、この1秒がもっと長くて動画として見える場合もありますし、場合によっては夢と紙一重状態で自分が登場して話が展開していく場合もあります。

自分の内側を探求して出てくるヴィジョンの場合は、ちょうど夢のような感じの映像で、やや暗めに見えることが多いのですが、ごくまれに高次元から無意識の領域を使わずに、ダイレクトにヴィジョンがやってくる場合があります。

そういう場合のヴィジョンは動画が多く、現実以上にはっきりと鮮やかに見え、真っ青な空の下に光が降り注ぐ広大な緑の芝生があり、その上に金色に輝く珠が浮いているというような、非常に神々しい画像であることが特徴です。

ヴィジョンというものは本当によくできており、体験すればするほど、その奥深さに感心してしまいます。

ヴィジョンの一例

一例として、私が「なぜ地球の波動をそんなに上げ続けるのか？」と宇宙意識に尋ねた際に出てきたヴィジョンをお話ししますが、このヴィジョンを見た際はインプレッションメッセージも一緒に感じたので、それも合わせてご説明します。

そのビジョンは大きく分けると、五つに分かれます。

まず、両手をバンザイの格好であげた小学生ぐらいの女の子が見えました。ただ、この子には特徴があって、右半身は猿で左半身は人間として見えました。これは「人間はまだ半分は獣性で半分がヒトであり、本来のヒトとしての属性が完全ではない」ということを意味しています。聖書には「神は自分の姿に似せて人をつくった」とありますが、女の子のヴィジョンは、どうもそのことを踏まえて出てきたヴィジョンのようです。

次に見えたのは、私が今まで見たことのないもので、ギリシャ建築のようなデザインの、白く美しい高層ビルが整然と並んだ都市でした。これは、アセンション後の世界を示したもののようです。

その次に見えたのは、海岸沿いに建つ大きな金色の聖堂のような建築物。これは前に見えたアセンション後の世界に至るには人間の意識の高揚が必要だということの表れのように思われます。

その次に見えたのは、上下が地殻に覆われた超巨大な水晶の玉。これは地球のコアを表しており、人間は地球のアセンションのために、受け取った波動を肉体を通じてコアに降ろさないといけないという意味です。

最後に見えたのは、細かいウロコのような白銀色に輝く生地でできたボディースーツを着た、色白で美しい中性的なヒトです。これはアセンション後、獣性を帯びた人間がやっと完成したヒトになるということです。

このヴィジョンを受け取ったときには、「変わった生地の服だなあ……」ぐらいにしか思わなかったのですが、その後、白銀色のウロコとは白竜のイメージそのものであり、宇宙意識を表すものとしてそれをメタファー（暗喩）として使ったことに気がつきました。

なお、メタファーとは、直接的な表現をせずに謎かけのように意味を隠し、こちらに考えさせ、自分の内側から答えを出させるというものです。

最近、私が寂しく思ったときに見たヴィジョンに、「顔を歪めたお地蔵さん」というものがありました。私には過去世で何回も母親に捨てられたインナーチャイルドがあるのですが、どうもそれがまだ癒やしきれてはいないようです。

こういうように、ヴィジョンには奥深いメタファーを含んで出てくるものがかなりあります。

場合によって誰が得たメッセージであっても、シンボリックなものに共通のメタファーを含ませている場合があります。その代表的なものに、「トイレ・排泄物・嘔吐」というものがあり、これら排泄関係のヴィジョンは、ほとんどが「浄化」を意味しています。

たとえば、自分が黒いものを吐いているヴィジョンなどは、現在浄化中であるという典型的なヴィジョンです。このようにヴィジョンとは、言葉とは違ってメッセージをメタファーで表現し、こちら側がその謎を解くことにより、より深い理解を得られるようになっています。

感情層とのチャネリング

ここまで、チャネリングをするときに「繋がる」必要のある存在について簡単に書きましたが、ここから、それらも含めてもう少し違う角度から分類をしていきます。

いきなりこういうことを言うとあなたは驚かれるでしょうか？

「実は誰でも普段から無意識にチャネリングをしている」

これはこういうことです。

あなたが友人と楽しくお喋りをしていたとします。その時あなたが全然知らないことで、しかし、相手の感情に少しだけ触れてしまうようなことを、何気なく言ってしまったとします。相手は表情も変えずにそのままお喋りを続けていますが、あなたはかすかに「あれ？」と、何かを感じます。

「この人、少し『悲しんだ』ような……？」

口元も動かず、目も動かず、相手の表情はまったく変わっていないのに、なぜかあなたは相手の表情が少し曇ったことを感じ取ります。

実はこれもチャネリング（テレパシー）なのです。

人間は、普段から自分の感情というものを外に放射しながら生きています。普通であれば、この感情はさざ波程度のものなので、周りの人を巻き込んで同調させるということはありません。

しかし、とても大きな悲しみに襲われたり、とても大きな怒りが爆発したときには、その感情がその人の体から爆発するように周りに放射されます。たとえば「もらい泣き」という現象は、文字どおり相手から「悲しみの放射」をもらっているのであり、相手の話の内容が悲しくて泣いてしまうだけではないのです。

また、とても怒っている人の近くにいると、当たり前ですが嫌な気分になりますし、場合によってはその話に賛成にしろ、反対にしろ、自分まで怒りだすことがよくあります。これもまた「怒りの放射」を受けた結果、自分の感情までもがその荒波に同調して、荒れてしまっているからです。ですので、その人に反対でも賛成でも、怒りの波動に同じ怒りの波動で応じていると、決して平和はやってきません。

そういう場合は、自分から努めてその波動には乗らず、愛と調和の感情を相手に送るべきなのです。

エゴの正体を知る

マザー・テレサは戦争反対デモには参加しませんでしたが、「平和のためのデモなら喜んで参加します」と言ったそうです。

怒りの波動を自分が発していることを発見した場合は、その「怒り」というエゴから来る感情が自分の中にあることをよく自覚し、閉じ込めて無視することなく、分析してみてください。目を背けるということは、その感情がそこにあり続けるということであり、いつまでもその呪縛から逃れられないからです。

そうやって分析して「なぜ自分は怒っているのか？」というエゴの正体を知れば、そのエゴから感情というものが剝ぎ取られていき、それは虚しく力のないものになっていきます。

コンサートなどで「みんなの気持ちがひとつになった」などと表現されることがよくありますが、これはまさに「歓喜の波動が同調する」という現象で、こういう波動は共有されるべきですが、ネガティブな波動は共有すべきではありません。

これらを「感情層とのチャネリング」と私は分類していますが、この感覚が鋭敏になっていくと、電車などで攻撃的な思念の持ち主が横に座るだけで、こちらのハートのチャクラが重苦しく感じられるようになります。また、普段から親しくしている友人などであれば、どんなに距離を隔てていても相手の感情の昂ぶりや悲しみが感知できるようになったりもします。

この「感情層とのチャネリング」について、初歩のものであれば、多くの人が何らかの経験をしているのですが、この経験のある人なら、たいていはもっと深くチャネリングができるようになります。

存在とのチャネリング

私たちは日常生活で、人や動物など、目に見える存在のみと関わって生きていると思っています。しかし、もうおわかりのように、周波数の異なる多元世界は常に私たちの世界と隣り合わせであり、そこにはいろいろな「意識」が存在しています。

この意識は「知性」や「意思」を持っており、私たちの感度が鋭くなっていけば関わりを持つことができるようになります。

チャネリングの世界では、プレアデスのバシャールとか、大天使ミカエルなどの意識が有名ですが、そのほかにも実にたくさんの存在がいて、これらの存在と繋がって得たメッセージを書いた本もたくさんあります。

それらの存在はたいていの場合、人間よりも高い霊性を持っており、愛と調和に満ちたメッセージを私たちにもたらしてくれます。しかし、人間としてこの三次元世界に生まれてきた体験のない意識体の場合、ともすれば人間の〝心の襞〟というウエットな部分がわからなかったりすることがあります。

それはその意識体が非情であるということではなくて、彼らがあまりにも宇宙の純粋な光であるため、人間という、自信がなくて弱い生物にとってはそれが眩しすぎるということなのです。

ですから、いくら彼らが言う事だからといっても、こちら側に準備ができていなければすべてそれに従う必要はないし、彼らも強制は決してしないものです。

最終的な決定権は、あくまでも本人の自由意思にあるということが宇宙の鉄則なので、自分のペースで目覚めていくことに焦りや罪悪感を持つ必要はまったくありません。

また、繋がり始めたときは、とかく相手の名前を聞きたがる人が多いようですが、高次元の存在には本来、私たちの持つ「名前」という概念がありません。厳密に言うと彼らは「あえて○○と名乗る存在」ということになります。

なぜなら、彼らの世界では、「言葉」というコミュニケーション手段は異質なものであり、光や音や振動でお互いを認知しコミュニケーションをとっているからです。それではなぜ彼らは名前を名乗るのかというと、こちら側、つまり人間に合わせてくれているというケースがほとんどです。

いずれにしても彼らは時間も距離も関係がない存在なので、こちら側の準備ができていて繋がる意思があれば、いつでも繋がることができます。

また、ミカエルという存在が同時多発的に世界中あちこちの人と繋がるということに疑問を持つ人もいますが、彼らは人間のように一個体という概念ではなく、コンピューターのサーバーのように大きな一つの意識であり、それに対して私たちのほうから接続を持つと考えると納得していただけると思います。

ハイアーセルフとのチャネリング

先にも書きましたが「ハイアーセルフ」こそが、最も繋がらなければならない相手です。このことは、厳密に言えばチャネリングとはいえないかもしれません。なぜなら、繋がる相手は「私たち自身」なのであり、それは「自分の主体を取り戻す」ということだからです。

「自分は普段から『自分』なのに、さらに『自分を取り戻す』って、どういうこと？」

こんな疑問を持つ人もいるかと思います。しかし、これは古来より多くの宗教や思想で言われ続けてきたことであり、真理はいつの時代になっても変わらないということなのでしょう。また、こういう話を聞かれたことがあると思います。

「私たちは普段、〝自分〟というものを顕在意識だけで認識しているが、私たちの意識全体を海に浮かぶ氷山だとすると、その顕在意識は海面に出ているほんの一部分にすぎない。海中にある無意識の部分はとても大きなもので、その無意識が私たちの行動や考えに深く影響している」

たとえば、作曲家の頭の中には、なぜメロディーが浮かんでくるのでしょう？　彼らは、メロディーが浮かんでくる瞬間をなぜ「降りてくる」と表現するのでしょう？

あなたが何か考えごとをしていたとき、いいアイディアがバンバン出てきて「ひょっとしたら自分は天才ではないのか？」と思ったことはないでしょうか？　あるとしたら、それらのアイデアは一体どこから来たのでしょう？

たとえば、あなたが何気なくとった行動なのに、それがあとで重要な意味を持っていたということに気がついたということはないでしょうか？

何気なくとった行動で命拾いをしたとか、何気なくとった行動が新しい出会いをもたらしたとか……。

あなたに恋人がいるとしたら、なぜ、あなたはその人に出会うような場所に行ったのでしょう？　なぜ、相手の人はあなたに出会う場所に来たのでしょう？　そしてなぜ、二人はお互いに強く惹かれるようになったのでしょう？

これらをあなたは今まで偶然だと思い込んできました。

しかし、本当は偶然などこの世にはないのです。すべては必然であり、人生で重要なポイントポイントで、あなたは今までハイアーセルフと繋がっていたのです。

その繋がりが強化され、あなたが真のあなたとして行動し、存在するようになることが「ハイアーセルフと繋がる」ということです。

「ハイアーセルフ」と「ハイエストセルフ」

心理学的にハイアーセルフは「自己」と呼ばれる普遍的な存在として認識されています。それを私たちが把握する場合は、具体的に超人的な人格像として出てくるといわれていて、ユングの場合には、仙人のような「老賢者」の姿をしたハイアーセルフと夢の中で出会い、会話をして「フィレモン」という名前までつけています。

私も前著でハイアーセルフとの出会いについて書いていますが、私の場合、ハイアーセルフは「クラゲ」という情けない姿だったので、後になって少し落ち込みました。

しかし、その後「クラゲ」とは、古事記の中で天と地の区別すらできていない原初の世界で、陸地の根源として比喩されていることを知り、その奥深い意味合いに感心したものです。

いずれにしてもハイアーセルフとは、顕在意識の自分よりも、遥かに愛と叡智に富んだ自分であり、顕在意識の自分は、今までそのハイアーセルフから分離された状態でいたため、本当の自分については無知であったということなのです。

そして、これは日本ではあまり知られていないことですが、ハイアーセルフのさらに奥には「ハイエストセルフ」という存在がいます。このハイエストセルフは、人間の概念を超えた宇宙的な概念の意識レベルであり、人間よりも神側に近いものになります。より神に近いからといって、ハイエストセルフと繋がる方がよいと考える人もいますが、その考え方自体が、「最高でなければならない」という、調和よりも順位づけにこだわるエゴから来ていることをよく知っていただきたいと思います。

つまり、ハイアーセルフと繋がっていない人がそれを飛び越えてハイエストセルフと繋がるということはあり得ませんし、また、もし仮に繋がったとしても、愛という概念も叡智という概念の枠組みをも超えていますので、我々人間には想像のできない世界なのです。ですので、ここではそういう存在がいるということだけをお伝えしておきます。

いずれにしても、人間としての原点であるハイアーセルフを通じて、私たちは生命の本質に目覚め、今まで惰性的にしか「生きる」ということができなかった自分に革命が起こり「生命の歓びを表現する者」としての自分を取り戻します。そうなることによって実際に身の周りの現実にも著しい変化が起こり、自分がこの世で果たすべき役割についても目覚めることになるのです。

冒頭に「ハイアーセルフが最も繋がらなければならない相手」と書きましたが、このハイアーセルフに繋がることがチャネリングの大目的であり、これを実感してこそ個人の発展があるといえます。

第4章

チャネリングで得る情報は本物か?

なぜアタリとハズレがあるのか

ワークを始めて以来、私は実にさまざまなチャネラーたちと関わってきました。そしてまた、たくさんのチャネラーのクライアントとも交流を持ちました。その結果、私は大方のクライアントが持っている「共通の疑問」というものを知ることになりました。

その疑問とは、「なぜ、チャネラーによってチャネリング内容が違う場合があるのか？」というものです。

多くの人は簡単に「ウデが悪い」とか、人によっては「いい加減なことを言われた」と解釈しているようです。しかし、このことに関してはあくまでも「意識」の世界の出来事なので、当たっているとか、外れているとか、最終的には誰にも判断はできないでしょう。

ただその一方で、複数のチャネラーから同じことを言われているケースが実に多いので、当たり外れという単純な見方からいうと「当たり」もまた多いともいえます。

例をあげると、私のワークで、ある女性をチャネリングした際、私の中から「ピラミッド」のヴィジョンに次いで「ドア」のヴィジョンが出てきました。

このヴィジョンから「ピラミッドを通じて高次元へ昇る」という意味だろうと一瞬は思ったのですが、その次に私が見たヴィジョンは、「裸の男女を並べて測定している設計図」のようなもので、同時に高次元的なものではなく、ドアの向こうに血や肉が関係する一種生臭いものを感じました。

ですので、これらを説明する際、私は相手が女性であることを考慮に入れ、裸の男女のことは避けて「ピラミッドとドア」のヴィジョンと、「高次元とは関係なく、ドアの向こうにもっと肉感的なものを感じた」と、表現を少し和らげてお話ししました。

すると彼女は驚いてこう言ったのです。

「以前、あるチャネラーに、エジプトでミイラ職人をしていた過去世があると言われたことがあります」

これは私に限ったことではなくて、ワークの中ではよくあることです。しかも、チャネラーではない、ごく普通の人でもチャレンジすれば出てくることもあるので、チャネリングは別に特別なことではないんだなと、日頃からつくづく感じています。

チャネリングと妄想の関係

「チャネラーによりチャネリング内容が違うこともあれば同じこともある」

一体これはどういうことなのでしょうか？

まず、単純にチャネラーの成熟度というものは確かにあるようで、それには「チャネリングと妄想は紙一重」という、多くのチャネラーが悩み続ける難題が大きく関係しています。

どこまでが妄想で、どこまでがチャネリングなのかという、この極めて自分に厳しくなければ判断できない難題から、無意識的に「逃げている」。または、逃げるつもりはなくても、無意識の自分がつくりだした妄想を簡単に信じてしまうチャネラーは多く、妄想チャネリングというものは実際にはかなり多いのではないかと私は感じています。

つまり、人間の想像力というものは非常に強くて、チャネラー自身がつくりだした妄想が妄想とは思えないようなリアル感をもって出現することが多々あるようなのです。

チャネラーの感度が高すぎる場合は具体的に体に痛みを伴ったり、まるで三次元的にその場に居合わせているかのように、リアルなヴィジョンとしてそれが現れたりすることまであります。

その結果、チャネラーはそのリアル感ゆえにそれを信じ、その情報が「本当のことである」と思い込んでクライアントに伝えてしまうこともあり得るのです。

ただ、これはある程度は仕方のないことだと私は思っています。

なぜなら、自分の得た情報は自分にしか見えないものなので、それに確実さを求めるのであれば、そのリアル感を最高の判断材料にするしか、チャネラーにとって方法はないからです。また、妄想に対して疑いを持ちすぎると、まともなチャネリング情報まで自信が持てなくなってしまうので、その裁量の加減というものもあります。

これは何人ものチャネラーを観察してきたからこそ言えることなのですが、やはり無意識下に根強いブロックを持っているチャネラーほど、チャネリング内容にブレが生じており、ブロックの浄化が進んでいるチャネラーのチャネリングには、ブレが少ないようです。

チャネリングの目的

しかし、完全にブレないチャネラーはこの世に存在しません。クライアントとの相性も重要な要素ですので、ブロックの度合いのみが問題であるとは一概には言えません。また、まれに起こることですが、クライアントについているガイドが意図的に妄想を促す場合があります。これは、ヒプノセラピーという過去世療法でも起こり得ます。ガイドは悪気があってそうしているのではなくて、クライアントにとってはたとえ妄想であっても、本気で信じさせることにより浄化が進むのであれば、〝結果オーライ〟でそういう手段を講じる場合もあるのです。

ですので、妄想が全部よくないとは思いません。チャネリングやヒプノセラピーの最終目的は真実を知ることではなく、自分の無意識下にあるかたくなな思い込みや執着を外すことにあるので、妄想も場合により認められてもいいかと私は思います。

無意識下のブロック

結論から言ってしまうと、すべてのチャネラーはチャネリング内容に揺らぎのない自信というものを持っていませんし、また持ってはいけないと私は思っています（自分も含めて）。ですので、「自分のチャネリングは絶対で、間違いなど微塵もない」と言い切るチャネラーがいたとしたら、私は逆にその人を信用しません。人は自分を完璧だと思った瞬間に反省というものがなくなり、完璧を目指す姿勢が崩れてしまうからです。

人間の無意識からすべてのブロックを100％解放するということはほとんど不可能です。逆に言うと、ブロックがあるから人間らしいといえるのです。

たいていのチャネラーは、自分が「宇宙意識の透明なパイプ」であろうと努力をしています。しかし、それでも、自分自身がなかなか気がつかない無意識下のブロックというものは大なり小なり存在します。

先ほども言いましたが、無意識下にあるブロックは、クライアントをみる際に「影」をつくることがあり、チャネラー自身が抱えるブロックをチャネリング結果に投影してしまうことも多々あります。

二重構造の無意識

心理学的に私たちの無意識は二重構造であり、浅い部分に「個人的無意識」、深い部分に「集合的無意識」の層があるといわれています。私たちは個人的無意識に、つらくて持っていられない、耐えられない記憶を「影」として封じ込めています。

この奥にある集合的無意識は個人ではなくて人類全体に共通する意識の世界であり、チャネリングに関与しています。

チャネリングで得たメッセージが、そのまま集合的無意識からストレートに顕在意識に出てくるのが理想です。しかし、表面に出てくる過程で、そのメッセージは個人的無意識を通過しなければならず、そのためチャネラーが、その個人的無意識に影を持っていれば持っているほど、その影に反応してメッセージは歪められる可能性があるのです。

クライアントが持っているコンプレックスと、チャネラーの持つコンプレックスがテレパシーで反応し、それを巨大化してしまうということもあります。なかには自分の持つ潜在的な恐怖から、たいしたことがない微弱な存在に大袈裟に反応して「悪霊がいる」などという判断を下してしまうケースもあります。

たとえば、クライアントにインディアンの戦士だった過去世があるとします。仮にこれが真実だとして、自分の個人的無意識に問題のないチャネラーの場合は、そのインディアンの戦士だった過去世のみを見ます。

しかし、これが潜在的に個人的無意識のなかに「暴力への恐怖」という根強いブロックを持っているチャネラーの場合は、そこから妄想をエスカレートさせてしまうのです。

そういうチャネラーは「インディアンの戦士」という部分は同じなのに、敵の部族を皆殺しにして、女・子どもの命まで無情に奪ったとか、さらには猟奇的なヴィジョンまで自分の想像力でつくりだしてしまうことがあります。

そして、それが人間力を伴わないチャネラーの場合は、そのヴィジョンを自分で抱え続けることが出来ずに、その猟奇的な内容までクライアントに伝えてしまうこともあります。また、「私の能力は高いんだぞ」ということを見せつけたいというだけで、クライアントの精神的ショックなどはお構いなしに、その歪んだ情報をストレートに伝えてしまうケースもあります。

チャネラーとクライアントに求められる姿勢

チャネラーには相手を思いやる度量の深さが必要ですし、個人的無意識にブロックの少ない「澄んだ心」に近づこうとする姿勢が必要です。つまり、チャネラー自身が個人的無意識に持つ影が少なければ少ないほど、比較的ストレートにメッセージが出てくるのです。

その姿勢は、実はクライアントにも求められることです。なぜなら、クライアントが重たいブロックを個人的無意識に閉じ込めたままチャネリングを受けると、チャネラーからのメッセージをまともに受けられなくなるケースが多々あるからです。

そういう場合は、10人が10人ともまともに捉えられるようなメッセージに対してでも、本筋を見ようとはせず、枝葉の言葉尻ばかりにひっかかりを持ってしまい、チャネラーの本意を歪めて受け取ってしまいます。たとえば「男性への激しい怒り」というブロックを個人的無意識に抱えたまま、それが浄化されていないクライアントの場合は、チャネリングに限らず普段の人間づき合いの中でも、幾度もトラブルを引き寄せてしまうことになります。

人間力が育っていないチャネラーの場合、「相手のために」という強い思いが強制的な発言になったり、相手を落ち込ませてしまう発言になったりすることもよくあります。

また、ブロックからの逃避グセがついているクライアントは簡単に落ち込み、自ら立ち上がろうとはせずに、またほかの「優しい」チャネラーを頼って、いつまでもスピリチュアルの世界を放浪します。

これらは、いずれも「思いやり」に欠けている行為です。

チャネラーには、単純にクライアントへの「思いやり」が欠けていますし、クライアントのほうは常に他人任せで自分で自分を癒やそうとはしない……、つまり常に人任せで自分で自分を「思いやる」ということに欠けているのです。

これらのことから、チャネラーであれクライアントであれ、自分も他人も大切に扱うという姿勢が常に根底になければならないということがおわかりいただけるでしょう。

チャネリングはガイドとの共同作業

感情を感じ取るなどの浅いチャネリングの場合は別ですが、深いチャネリングになってくると、それはチャネラーの単独作業ではなくて、チャネラーとチャネリングを受けるクライアントのガイドとの共同作業になる場合が多々あります。

つまり、チャネラーがクライアントの無意識に入り込もうとするとき、通常は感知したい質問等をはっきりさせてから「無」に入り、その質問に対してクライアントのガイドが最適な情報を知らせてくれるのを待つということになります。

たとえば、クライアントに魔女の過去世があり、密告されて火あぶりの刑で亡くなったという場合、ガイドはその時の火あぶりに関係するヴィジョンなど、特定のシーンや感覚をチャネラーに提示します。そういうケースでは、さすがにガイドも必要のない限り露骨なシーンは避けてくれるようで、私のワークスタッフの経験を例にとると、彼女が火あぶりの過去世を持つ女性を見たときには、礫の下の足の部分と黒く焦げた地面を見させられたそうです。

そのことにより、チャネラーは、クライアントの過去世に魔女として処刑された時代があり、密告に対する恐怖が根強くあるため、今世でも人目を避け、目立たないように生きようとするブロックがあることを知ることになります。

同じ過去世であっても、チャネラーの個性により見方は多少違ってきますが、一般にチャネラーが替わっても、ガイドは同じようなシーンを見せてくれるものです。なぜなら再現することにより、信憑性が増していくことをガイドは意図しているからです。

しかし、チャネラーが感じるヴィジョンの焦点がてんでバラバラで、たとえ魔女の過去世であっても、料理をしていたり洗濯をしていたりしているヴィジョンを見たり、また、同じ過去世でもチャネリングごとに、赤い服を着ていた時と青い服を着ていた時をランダムに見る場合もあります。

こういうヴィジョンのみを見た場合は、当たり前ですが「魔女」というキーワードは出てきません。

ヴィジョンを捉えられない原因

チャネラーがクライアントのガイドが提示するヴィジョンを捉えられない原因には、以下のようなことが推察されます。

①チャネラー自身も過去世で拷問された経験があり、恐怖心から無意識にそれを避ける。
②チャネラーの個性が、かなり別角度の視点を持っている。
③クライアントとの交流が深くなりすぎていて、冷静な視点を保てない。

必ずしも回答は一方向からではないということが、おわかりいただけると思います。

また、当たり前ですがガイドはその人の霊的成長のために存在するわけですから、たいていの場合は協力をしてくれますが、もしもクライアントのガイドがそれに協力してくれなかったら、チャネラーは何も見えないし何も感じられなくなります（妄想は別として）。

ガイドが協力してくれないケース

協力をしてくれないケースがあるとすれば、それは、次にあげることが考えられます。

①チャネラーの動機がクライアントのためにではなくて、自分の「腕だめし」的な不健全なものである場合。

②クライアントに、そのブロックに対峙する準備がまだできていないため、ガイドの判断で見せてこない場合。

③ガイドではなくて、クライアント本人が深層でかたくなに見られることを拒否している場合。

さらに「見えない」ケースを説明すると、成熟したチャネラーであればヴィジョンなどが見えていてもクライアントのショックが大きいと考えられる場合、あえて「見えない」と言ってそれを言わない場合もあります。

集団チャネリング体験でわかったこと

私のワークでは、参加者全員が参加してチャネリングをするセッションをよく行います。これは一人に座ってもらい、その人について全員が自分の中から湧いてくるイメージをメモに書き出すというセッションです。

もちろん、参加者の方々はチャネリングをしたことがない人がほとんどなので、当たるとか当たらないとか、こんなものが見えなければならないとか、あんなものが見えなければならないとかは、一切関係なし。初心者なので妄想でもなんでもOKということで、浮かんできたイメージを書いてもらうものです。そして、そのイメージを各自に出してもらうのですが、毎回必ず同じようなヴィジョンが複数の人に出てきます。

たとえば、「ピラミッド」や「光のシャワー」といったヴィジョンが、毎回複数の人に出ます。これについては、ある程度スピリチュアルなイメージとして万人に認識されているものなので、出てきてもおかしくはないと思いますが、たとえば「金色の蝶（蝶は変化のシンボル）」とか、「丸太でできた船」とか、およそ偶然の一致ではあり得ない特殊なヴィジョンが、4～5人に同時に現れることがよくあります。

こういう結果が出ることについて、私は二つの見方をしています。

まず一つ目は、先ほど書いたように、対象者のガイドのメッセージに複数がアクセスできたという通常のチャネリング。

そして二つ目は、メンバーの一人が見た、その「メンバーのイメージ」に対して何人かがテレパシーをしたというものです。ただ、後でも書きますが、これだとヴィジョンの捉え方が同じ角度になるはずなので、この可能性は低いと思っています。

今まで否定し続けてきた感覚

いずれにしても、出てきたヴィジョンはたいていその対象となる人の今の魂のあり方や前世を示唆したものが多くあり、これは個人が自分のガイドから得るヴィジョンの形態とよく似ています。

このトライアルからわかってきたことは、「本当はかなりの人が初歩のチャネリングができている」ということであり、単に本人が、今までその感覚をないがしろにしていただけだったということです。つまり、私たちは「まさか自分にできるわけがない」という思い込みから、自分の内側から湧き上がる感覚を否定し続けてきたのです。

もちろん、その感覚には先ほど書いた妄想も多々含まれていると思います。しかし、一つひとつの感覚が果たして妄想か妄想でないかということは、誰にも判断がつかないものであり、その中には実はチャネリングと呼べるものも含まれているということなのです。

このことからおわかりいただけると思いますが、「自分にできるわけがない」という発想で、自分の感覚に制限を設けないということが、チャネリングへの第一歩になります。別の言い方をすれば、チャネリングをするには自分の感覚に肯定的な姿勢が必要なのであり、一方で、常にその結果について自省しながら成長していく、という謙虚さも求められるということです。

意識の座によるヴィジョンの違い

この集団セッションではさらに面白いことがわかってきています。多数の例があるのですが、これからわかりやすい一例をお話しします。

これは、ある女性を全員でチャネリングして出てきた例です。

Aさんという女性に座ってもらい、先ほどの例のように集団でチャネリングをしてみました。その結果出てきたイメージです。

最初の人はこういうヴィジョンを見ていました。

「ロングドレスを着て切り立った岩山をよじ登るAさんが見えました」

次の人はこんなヴィジョンです。

「岩山をよじ登るAさんを下から見上げています。やはりロングドレスを着ています」

次の人は、

「私は岩山をよじ登るAさんの横にいて彼女を見守っています」

その次の人は、

「遠くから絶壁をよじ登るAさんを見ています。頂上には小さな祭壇があります」

最後に私が見たのはこんなヴィジョンです。

「絶壁の頂上に金色の祭壇があり、自分はそれを上空から見ています」

こういう同じようなヴィジョンを複数で見ることは先にお話ししたとおりなのです

が、この例からさらにわかることがあります。それは同じシーンであっても、人により見る〝角度〟が違うということです。

このことは、実は非常に深遠な意味を持っています。私たちは個々に意識を持っていますが、その意識には「座」というものがあるということで、このことはそれぞれのメンバーが違う角度からシーンを見たということにとどまらず、それぞれの人にそれぞれの世界観、価値観というものがあるということなのです。

ある人は全体像を冷静に把握し、ある人は相手の傍に寄り添って励まし、ある人は謙虚に下から見上げ、私の場合はその人が到達する神聖なものに焦点を合わせていたということ。つまりチャネリングというものは、チャネリングする人それぞれの、個人の意識の座から捉えているものであり、その意識の座によって見方は違うし、人に個性がある以上、内容が違っていて当然ということがいえるのです。

ですので、そこに妄想がない場合でも、チャネリングの結果が違うということはある意味当たり前であり、これはチャネラーの個性によるものなので、どれが悪いとかいいとかいうものではありません。このことから、複数のチャネラーに見てもらうほうが、より全体像を把握しやすくなるだろうと私は思っています。

第5章

ハートのチャクラ

チャネリングをする動機

ここまで読んできて、いかがでしょうか？

あなたも「チャネリングをしてみたい」、「できそうだ」という気持ちになってきたのではないでしょうか？

先にも書いたように、スピリチュアルの世界では、チャネリングの方法について瞑想、ヘミシンク、カードリーディングなど、さまざまなアプローチが説明されていますが、そのほとんどが方法論として的を射た内容であるといえます。

なかにはおまじないのように儀式的なものもあり、それについて懐疑的な気持ちを持つ人もいるでしょう。しかし、儀式というものは、その動き自体に最初は意味がなくても、古くから大勢の人が繰り返すことにより、その動きに固定化されたイメージに人の思念の力が根づき、力を持つというものもあります。

また、私が目覚めるきっかけになったヘミシンクもチャネリングの有効な入り口になるでしょう。

これらのテクニックはある程度までは有効だと思いますし、ほかのいろいろなアプローチ方法も確かに有効なものは多くあります。でも、肝心かなめの根本をないがしろにしていては、それらの手法にトライしても、せいぜい底の浅い結果しか生み出すことはできないのです。

この「肝心かなめの根本」とは、チャネリングに対してのあなたの「動機」です。あなたはなぜチャネリングをしたいのでしょうか？

そのことについて、よく考えていただきたいのです。格好いいからとか、周りに尊敬されたいからとかでしょうか？　そんな単純な動機ではなくても、単に知識としてしか高次元を捉えることができず、興味本位でしかチャネリングを捉えられない人が結構います。

また、興味本位ではなくても、自分というものに自信がないために、サイキックな能力が高ければ人に認めてもらえると錯覚をし、渇いた自分を癒やすことなく放置して、その能力ばかりを虚しく追求しようとするケースも時々見られます。

それが悪いとは思いません。しかし、そういう動機からチャネリングをしていては渇いた自分が満たされることはないし、そんな自分に気がつかないでいると、いつまでたってもアセンションとは別の世界で、「錯覚した愛」を語るだけの人になってしまうでしょう。

それでは、私たちが深い愛と叡智に触れ、それを自己の発展に繋げるにはどうすればいいのでしょう？

それにはまず、自分の弱さを認識し、それを受け入れ、自分と人とを比較しないこと。そして、自分の動機が「宇宙の意図」に沿っているかどうかを検証し続ける姿勢が大切になってきます。

知識よりもハート

最初のほうで私は、「チャネリングとは、自分の深層や宇宙の意識とコミュニケーションをとる行為」と書きました。瞑想を繰り返すうちにチャネリングが始まるということは確かにあります。しかし、感度ばかりが高くなってしまい、宇宙の本意である「無償の愛」についてなおざりになってしまうのは本末転倒ということになるのです。

「無償の愛」それは「思いやり」です。

この「思いやり」を持てないままチャネリングをするということは、単なる「情報通」になるということであり、人の魂を目覚めさせることはできませんし、ましてや自分の霊性が向上するということはないのです。

現代社会では、「頭で考える」ことばかりが優先され、「ハート」がなおざりにされています。そのため、それが習性となり、せっかくチャネリングをしても理屈ばかりにとらわれたり、新しい刺激的な情報や次元の違う世界を、「頭で知る」ことばかりに専念してしまうケースが多々あります。

アセンションに必要なものは「知識」ではなくて「ハート」です。

私たちが目覚めるには、ハートのチャクラを開ける必要があるのです。

ハートのチャクラを開けるということは、「受け入れる」ということです。人や自分の中にある否定的な側面を愛し包み込むということであり、物事を「正しい」「間違っている」で判断するのではなくて、自他を無条件に受け入れ、愛し、思いやるということなのです。そして、それは人と人の調和を通じて会得されていくものなのです。

私の初期のワークではヘミシンクが主体で、それにかなりの時間を割いていました。しかし、そのうちヘッドフォンを使って個人の内面世界ばかりを探求するよりも、全員参加型のセッションをメインにするほうが参加者同士の深い思いやりを生み、各自のハートが開いて、真の目覚めに、より効果的であるということがわかってきたため、今ではこちらが主体のワークになってきています。

ヘミシンクの世界で有名なブルース・モーエンは、自分のワークでヘミシンクを使わないそうですが、それは、ハートを開けることが何よりも大切なことを彼が知っているからなのだろうと私は思っています。

だからといって、ヘミシンクに魅力がないかというとそんなことはなくて、深い瞑想状態に入ってガイドからのメッセージを得るには非常に有効なツールなので、相変わらず私のワークではヘミシンクも使うようにしています。

ハートのチャクラを開ける

このことをよくわきまえたうえで、私なりにハートのチャクラについてお話しします。

まずは、「ハートのチャクラを開ける」ということについてです。これはある人にとっては簡単なことですが、ある人にとっては難しいことです。

まず、人に対する心の壁を取り払って、人を真剣に思いやってください。

どうでしょう？「私にはできる」と、あなたは断言できるでしょうか？

あなたが好きな人に対して壁を取り払うのであれば、そんなことは簡単でしょう。

それでは次に、あなたがなんとも思っていない人に対してはどうでしょう？　そしてその次には、あなたが大嫌いな人に対してはどうでしょう？

状況が許せば、その人たちとハグをしてみてください。心を込めて、愛情いっぱいにその人の幸せを真剣に願って抱きしめてください。

大嫌いな人とのハグは難しい

ワーク時には、参加者同士がハグをすることがよくあります。ハートが開いている人はギュッと温かく抱き返していますが、ハートを閉ざしている人はされるがまま、無表情に棒のように立っています。そういう人は、相手を受け入れていないのではなく、実は自分を受け入れていないのです。つまり、自分の奥底には「思いやりの愛」を持つ「神性」があるのに、自分自身がそれを拒否してしまっているのです。

このことについて、誰もその人を責めることはできないでしょう。そのことにより一番傷ついているのはその人自身であり、冷えてしまった自分の心に悩み、苦しんでいるのも本人だからです。

自他を無条件に受け入れ、愛し、思いやる、ということは知識で得られるものではありません。人と人との交流があって、はじめて身につけることができるものなのです。大地に種を蒔くには、土地を耕してふかふかの状態にしなければ種は根づきません。「人に対する心の壁を取り払う」とはまさにこのことで、ハートのチャクラを開けるためには、冷えて硬くなった自分の心を耕し、リラックスして自分自身を受け入れる必要があるのです。

どうでしょう？　あなたは大嫌いな人に対して、うわべではなくて本気で相手の幸せを願って、愛情いっぱいにハグすることができそうですか？

できませんよね（笑）。人間、なかなかそうはなれません。私もそうです。でも、「ハートのチャクラを開ける」ということの本意はおわかりいただけたかと思います。

底の浅い愛を本物の愛だと思い込んで、観念の世界だけで「私はハートのチャクラが開いている」と言うことは簡単なことです。

しかし、全開はできなくてもある程度開いている人はたくさんいますし、私たちが本気であれば、ハートのチャクラをもっと開けていくことができるのです。

チャクラが開く人に共通した体験

自他を無条件に受け入れ、愛し、思いやるという意識が根底にあれば、宇宙意識に目覚めていくことは比較的簡単です。なぜなら、すでにこれらの意識を持っていて、ハートのチャクラが開く態勢が整っている人は、容易に高い波動を受け入れられるからです。

高い波動とは具体的な高振動であり、これは人から人へとハートのチャクラを通じても伝わります。つまり、鳴っている音叉《おんさ》と鳴っていない音叉を近づけると共振が始まるように、準備が出来ている人にはチャクラの共振現象というものが起こるのです。

先に、私は「自分自身の波動が上がれば……、新たなステージへの入り口に立つ」と書きましたが、これはそのことを言っています。

しかし、この共振現象のみでハートのチャクラが開くわけではないし、逆に、共振というものがなくても開く人は開きます。

それでは、一体何がその人のハートのチャクラを開くのでしょうか？

ワークで私は、たくさんの人のハートのチャクラが開いた瞬間を見ており、そこには全員に共通した体験があることに気がつきました。

その瞬間には、すべての人が「大泣き」をしているのです。

その大泣きの原因はさまざまです。ある人は、人への思いやりを魂の深いレベルで感じて大泣きをしました。またある人は、過去世のつらい生涯を追体験し、悲しみを爆発させて大泣きをしました。最近では、自分が宇宙から降り立って、独りぼっちだったことを思い出して大泣きをする人が大変増えてきています。

これらの大泣きを通じて、その人のハートに詰まったブロックが解放されていきます。

そして、その人の感動はその人だけにとどまらず、参加者全員に分かち合われることになり、各々の魂が深い思いやりを会得していくのです。

つまり、魂の核に響く深い感動こそが、ハートのチャクラを開ける原動力になるのです。

時空を超えたパズル

ハートのチャクラが開いた人々にはある共通した特徴があります。それは、自らの直感に素直に従い、シンクロニシティに導かれるままにやってきたということです。

たとえば、ワーク参加のキャンセル待ちが5番目で、到底参加は不可能だろうと思っていたら、前に並んでいた人の都合が次々に悪くなり、すんなり参加することができたとか、子どもを預ける先がなくて諦めていたら、理由もないのに突然母親が上京することになり、預かってもらえるようになったとか、出来すぎのようなシンクロニシティが起こることがよくあります。

これは自他を無条件に受け入れ、愛し、思いやる気持ちが本物であれば、どんなシチュエーションでもそういうことが起こるものであり、道は必ず繋がるようになっているということなのでしょう。

先にも書きましたが、私たちが宇宙の意思の流れに沿った意思を持つと、シンクロニシティが本当に頻繁に起こり始めます。

これは体験してみないと信じられないかもしれませんが、人間技では到底できないような、時空を超えた複雑なパズルがぴったりと組み合わされていくのを何回も目の当たりにすると、よほどの石頭でない限り、現実世界以外の世界が実際に存在するという確信を持たざるを得ないようになります。

ですが、せっかくシンクロニシティが自分の身に起こっているのに、「旧自分」から「新自分」への変化に恐れを感じ、第一歩を踏み出せない人もたくさんいます。

もしもそんな状態であったとしても、すべての存在は生命体である限り、発展を目指して生きているのであり、その状態が上だとか下だとか、競争であるかのように人を褒めたり、自分を責めたりする必要はないと私は思っています。

その人が第一歩を踏み出せないということは、そこに何か学ぶことがあるからそうしているということなのであり、自分を変えるには、あくまでも自分の自由意思が尊重されるというのが宇宙の鉄則だからです。

ただ、ほんの少しの勇気があれば、驚くほど自分は変わるということもまた申し添えておきます。

第6章

メッセージを得るために

必ずヴィジョンは見える

どんなに瞑想しても、ヘミシンクにトライしても、ヴィジョンは見えないし、妄想でもいいと思っても何も感じることができないという人も時々います。

体験することを賞賛するものではありませんが、ここでは、そんな悩みを持つ人にアドバイスをしたいと思います。

結論から言うと、睡眠中に夢を見たことがある人なら、必ずヴィジョンは見えます。これは夢自体もヴィジョンといえるので、ほとんどの人はすでに見ているということです。

それではなぜ見えないのか？

これは、自分の中にある緊張感や否定感が緩んでいないからです。まず、ヴィジョンを見るなど、いわゆるチャネリングっぽい体験をする人がどんな人かを説明します。

これは、最初のほうに書いたように「もらい泣き」をよくする人、つまり感動しやすい情感豊かな人であったり、クリエイティブな仕事をしていて、日頃から柔軟な発想力を持つ人などが、容易に体験をされています。

感情の制限を外す

しかし、感動することに対して自分を制限していたり、入ってきた直感がどうしても信じられず、それを疑って検証しまくっているうちに直感を消してしまう人が少なからずいます。当然ですが、そういう人はなかなか体験ができません。

つまり、リラックスして自分をさらけ出している人には簡単なことなのに、緊張で心を硬く防御してしまっているケースではなかなか難しいのです。そんな場合は、まず、妄想も含めて浮かんできたイメージをすべてノートに書くこと。それから、映画でも音楽でもなんでもいいので、「感動する自分」が自然であるように心がけ、日頃から感動にブレーキをかけないようにしてください。

自分の感性に制限を課すということは、当たり前ですが、ハートが詰まったままになっているということなのです。

グローニングとイメージング

また、それ以外では「グローニング」という具体的な方法もあります。それはこんな方法です。

まず車の中など、誰にも邪魔されず大きな音を出せる環境で一人っきりになります。そうして、あなたが怒りや悲しみを感じた出来事を思い出し、それが思い出せたらその感情が自分の体のどこで感じられるのかを探ってみます。「胸が張り裂けそうだ」とか、「はらわたが煮えくり返る」とか、それを具体的に表現した言葉があるように、必ずそれらは体のどこかで感じられるものです。

次に、その感情を「呻《うめ》き」という手段で声に出して外に解放してみます。この時点で、「どう呻くのが正しい方法か？」と石頭の人であれば考え込んでしまいますが、もちろん「正しい呻き方」などはありません。ご自分の感性の動くがまま、とらわれることなく自由に声を出してください。

私の場合、怒りを声に出すときにはまるで犬のような唸り声になります。感情を表に出すことにブレーキをかけてしまっている場合は、自分だけで誰にも恥ずかしいことはないのにこれができなかったりします。つまり、感情を制限している自分を自覚し、それを解放することが基本中の基本になります。

ヴィジョンに関しては、日頃から頭の中で簡単なものをイメージングすることをおすすめします。たとえば、「りんご」をイメージして、それを頭の中で、上から見たり下から見たりしてみます。それができれば、今度は自分の家などを思い出して、それを横から見たり裏から見たり、中に入ったり、駅からの道のりを再現したり、空を飛ぶ鳥からの目線で見てみたり、自由気ままに想像してみます。ヴィジョンなどが見えない場合は、それらの段階を経た後に、再度瞑想などにチャレンジすればいいと思います。

自己否定と神性

ここまで読んでいただければおわかりになると思いますが、「チャネリングができるようになる」ということは、「何かを学んで身につける」ということではないのです。「本当の自分に素直になる」ということであり、自分の魂をがんじがらめに縛りつけている「思い込み」という錯覚を順番に外していくということなのです。

ですので、耳学問でスピリチュアルな知識ばかりにとらわれていると、それは「知識の贅肉」がつくばかりになり、かえって本質の自分から遠ざかってしまうこともあります。これは大なり小なりすべての人に共通することですが、アダムとイブの時代から人間の究極の罪は自分が光の存在であることを認めようとしない「自己否定」にある、といわれています。

「自分にはできない」
「自分は駄目な人間だ」
「自分を許せない」

これらはすべて「激しい思い込み」です。

自分の感性や自分の直感に制限を設け、果ては自分を愛することまで否定してしまっているのが今の人間です。

本当はすべての人間は光であり、幸せになれるようにできているのです。

思い出してください。

あなたが生まれたとき、あなたは「神性」そのものでした。

赤ん坊を見たとき、あなたはどんな感情になるでしょうか？

優しく、美しく、生き生きとした眩しい歓びが、その柔らかい体から元気いっぱいに発せられているのを感じるはずです。

実はそれがあなたの本当の姿なのです。

あなたは、人を疑うということが本当はできません。

あなたは、不安というものを本当は持ってはいません。

あなたは花のようにすべての人に微笑みかけます。

あなたの中には差別というものはないし、競争という意識もありません。

あなたはすべての人を愛し、憎悪という発想そのものを持ってはいないのです。


それなのに、なぜあなたは変わってしまったのでしょう？

ネガティブなエネルギーの刷り込み

それは私たちが成長するにつれ、この粗い波動の三次元世界で、繰り返し「思い込み」というネガティブな想念を意識に刷り込まれ続けてきたからなのです。

疑惑、不安、恐れ、差別、憎悪、軽蔑、悲しみ、妬み……。

これらの感情は本当は私たちが持っていないものだったのです。

私たちはそれらのネガティブなエネルギーを「生きていくうえで必要である」と社会から叩き込まれ、いつの間にかそれを信じ、その想念にとらわれ、保身に走ることばかりに専念するようになってしまったのです。

これは、せっかく生まれ変わるということでリセットをしてきたのに、低い周波数を体験することにより、ネガティブな想念を身につけてしまっているということなのです。

先ほども書きましたが、私たちの本質が「光の存在」だとすると、その上をネガティブという厚い暗雲が覆い隠してしまっているということなのです。

ここでは、次にもう少し踏み込んで、これらの「思い込み」を外すということについて説明をしていきます。

ブロック浮上のメカニズム

チャネリングに必要な方法として先ほどから瞑想をあげていますが、ここではそのメカニズムについて説明をします。


まず、海に浮かぶ小さな島を連想してみてください。

その島の上にはあなたが一人で立っています。

海を隔てて向こうのほうに同じような島があって、その上に別の人が立っています。

あなたはワンネスという「すべてのものは一つに繋がっている概念」を知識として知ってはいますが、それについて実感がありません。これを図で表すと以下

ブロック浮上のメカニズム

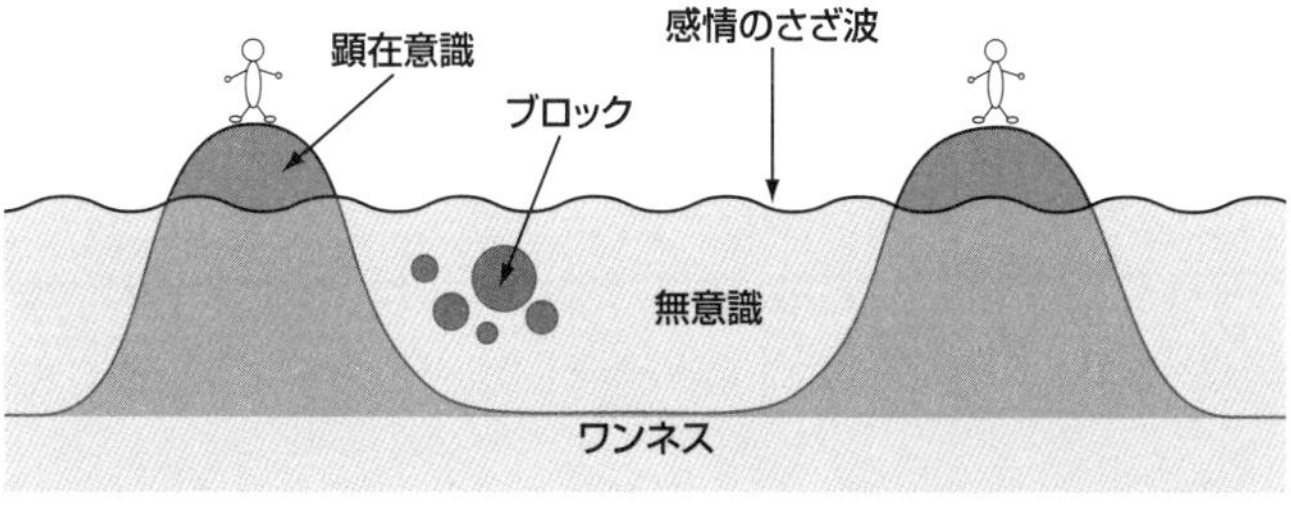

の図のようになります。

図の小島があなたの顕在意識ということであり、あなたは他人とは離れ小島のように分け隔てられているように感じています。

あなたはある日、本当の自分はこの海の中、海底にあるのではないか？　と考えます。そして海の中を凝視するのですが、海面にさざ波があるため、海底が見えません。

海面の「さざ波」はあなたの感情で、海の中はあなたの無意識です。日頃からあなたの心は常に何かを考えたり感じたりしているので、それが「さざ波」となって海底が見えないようになっているのです。

そこであなたは瞑想という方法でそのさざ波を鏡面のように静かにしていきます。ヘミシンクなどを利用すれば、より瞑想の効果が期待できるでしょう。

さざ波が消えると、あなたは海中を見ることができるようになります。

しかし、海中にはまだたくさんの浮遊物があり、それが海底を見させないようにしています。この浮遊物が、あなたのブロックです。ブロックとはあなたのコンプレックスや執着や欲です。つまり、瞑想が深くなるとあなたの無意識下にあるブロックが最初に見えてくるのです。

それはあなたが幼い頃に受けたトラウマかもしれません。または、過去世でのつらい体験かもしれません。それらを発見し、追体験をする……。

これを浄化といいます。浄化のためにヒーラーの力を借りるのであれば、心理カウンセリングやヒプノセラピーは大変有効ですので、おすすめします。

ここで、そんなつらいことであれば思い出す必要はないのでは？　と考える方もいるでしょうが、ブロックというものは追体験して癒やされない限りそこにあり続け、激しい「思い込み」を形成してあなたの自由をがっちりと束縛するのです。ですので、ブロックを癒やすことが自分の意識をクリアーにするためには大変重要なことで、うつ病を克服した後にチャネリングが始まる人が時々いるのもそのためではないかと私は思っています。

ブロックの投影と逃避パターン

このブロックは一つであるはずもなく、それこそたくさんあります。あなたはそれを一つずつ癒やしていくのですが、それはキリがないほどたくさんあって、いつまでたっても海底を見ることができないでいます。

スピリチュアルの世界では多くの人がこの状態で戸惑い、さまよっています。そして、ほとんどの人が本当の自分の最大のブロックから目を背け、逃げているというのが現実です。ある人は気がつかないままに自分のブロックを他者に投影し、それを癒やそうと必死になります。つまり、自分自身が対峙するにはつらすぎるブロックがある場合、人はそれを他人に押しつけてしまうのです。自分のブロックを他者に投影した本人は、その他者を癒やそうとしているのだと思っており、自分は「思いやりの愛」を持っていると思い込んでいます。しかしそれは実は「自己愛」の変形したものである場合がかなりあり、現実には純粋な「思いやりの愛」を施している人は少ないものです。

また、ある人は自分の中にある最大のブロックから目を背け、「過去世での出来事」という、今世以外のブロックばかりと関わろうとします。

これは今世での体験、つまり今の母親との関係に代表されるような、家族に関わるつらい体験をまともに見たくないので、無意識にそこから逃げているのです。

だからといって、それらがマイナス行為であるということはもちろんありません。なぜなら、これは浄化のための大切な一つの過程であり、現代社会ではこの状態にもなっていない人がほとんどだからです。

この時点で海中という無意識の世界を探索できるようになったあなたは、その世界に慣れ始め、より深いところからの信号、つまり集合的無意識からの信号をキャッチし始めます。

これが、チャネリングです。

ただし、その信号があなたの中にまだ残っているブロックに反応するような内容である場合、その信号はそのブロックによって歪められてしまいます。

もちろん、すべての信号が歪められるわけではないので、チャネリングから得た情報を頭から否定してかかるのは間違いです。そういう意味でも、チャネラーには浄化というものが必要だし、一人のチャネラーよりも複数のチャネラーからメッセージを得るほうが、よりクリアな情報を得ることができるようになるのです。

人によってはこれらのブロックが完全に解消されないとチャネリングをしてはいけないと警鐘を鳴らします。理想的にはそのとおりでしょう。しかし、それでは私も含めてほとんどの人がチャネリングをしてはいけないということになります。なぜなら、先にも書いたように、まったくブロックがない人間というものはこの世にはほとんどあり得ないからです。

ブロックの完全解消はまず不可能……

それでは、私たちは一生ブロックに支配され続けるのでしょうか？

ワンネス

実はアセンションが究極まで進むと、これらの浮遊物につき合わされることはなくなります。なぜならあなたの周波数、つまり波動が上昇していくからです。

浮遊物、つまりブロックは総じてネガティブなものなので、低い波動を持っています。

今現在のあなたがそれらを感じるということは、あなたの中に同調する波動が潜んでいるためであり、アセンションが進むということはその低い波動が減少し、高い波動がそれにとって代わり始めるということなのです。

アセンションが究極まで進むと、あなたはついに念願の海底を見ることができるようになります。その海底は想像を絶するもので、そこはまばゆいばかりの光と生きる歓びに満ち溢れています。

これがワンネスです。

あなたは、離れ小島にいる別人と自分が陸続きで繋がっていたのだ、という実感を得ます。

それは至福体験であり、真の自分を取り戻した瞬間であり、あなたの想いのすべてが現実化していく瞬間です。

第7章

メッセージがやってきたら

チャネリングは「諸刃の剣」

アセンションが始まっていなくても、ある程度感度が育てば、無意識の世界からの信号をキャッチできるようにはなります。

チャネリングというものを子どもの頃から体験している人であれば、驚きにはならないのかもしれませんが、私のように後天的に突然始まった人にとって、それは天地がひっくり返るかのような大事件になります。そしてかなりの人が混乱し、「恐怖」を経験した後に「有頂天」の状態になります。

はじめて体験する世界に興味津々で、なんでもかんでも聞きたがるし、やってくるメッセージを安易に信じ込むようにもなります。最初に書いたような「依存」にハマりやすいのもこの時期です。

ですが、ここで一歩踏みとどまっていただきたいのです。なぜなら、チャネリングというものは常に「諸刃の剣」であるということを知っておかなければならないからです。

先に書いたように、そのメッセージがハイアーセルフから来ているものであれば安心なのですが、それ以外の「存在」から来ている場合は、重々注意を払うようにしていただきたいのです。

特に慣れていない場合は、チャネリングをしている相手がハイアーセルフなのか、それともガイドなのか、それとも別の「存在」なのかの判断ができないので、主体を持ち、冷静になって相手のペースに呑み込まれないようにすることが大切です。

ここから先はチャネリングが始まった人が注意すべきことについて書いていきます。

低次元からの具体的なアタック例

低次元の存在（＝闇の存在）については、チャネラーであればほとんどの人が知っていて注意をしています。

しかし、それでもうまくこちらに入り込んでくるのが彼らの頭のいいところであり、自分だけは（あの人だけは）絶対大丈夫と思っていても、いつの間にか支配されているというのが、過去から何回も繰り返されているお定まりのパターンです。

ひと口に低次元といっても、ハイレベルなものからローレベルのものまで、ちょうど高次元の存在と同様に、いろいろな存在がいます。

まず、とるに足らないような低次元の存在からお話しすると、単なる「お騒がせ好き」が結構います。これは、くだらないメッセージをいかにも深い意味を持つかのような言い方をしてきます。

たとえば、「明日から玄関を出る際には右足から先に靴を履き、外に出たらスズメを見つけるまで電車に乗らないように」とか、「今日から1か月間コンタクトレンズをつけるのをやめましょう」とか、一体そんなことになんの意味があるのか、冷静になればばかばかしくなるようなメッセージを意味ありげに言ってきます。

ある意味これらは可愛い存在でもありますが、つき合っていてもなんの意味もありません。これは扱いやすい部類の低次元になりますが、もう少しやっかいなものになってくると具体的に攻撃性を帯びたメッセージを出してくるようになります。

その存在はこちら側の調和を崩そうとして、チャネラーの心の弱い部分である、猜疑心や不安を揺さぶってくることがよくあります。

「あなたの仲良くしているAさんは、陰であなたの悪口を言っている。だから気をつけなさい」などと言って調和を乱そうとしたり、こちらの恐れにつけ込んで、「親友のB

さんが誕生日までにインナーチャイルドを癒やさないと、その代償として事故に遭い、大怪我をする」などと言って二人を振り回し、仲たがいをさせようとしたりします。

また、彼らは睡眠中に破滅的な夢を見させ、無意識の領域に恐怖を埋め込むようなこともしますし、儲け話を持ち込んで人の金銭欲を煽ったりもします。

虚栄心のある人間には、「あなたの能力は素晴らしい。あなたは特別な人間だ」と囁き続け、じわじわとこちらのほうに入り込んできます。もしもそれを受け入れてしまうと、その囁きはどんどんエスカレートしていき、「あなたはキリストの生まれ変わりだ」など、ますますおだててあちらのペースに引き込んでいくのです。

狡猾で頭がいい闇の存在

彼らの目的は人間のアセンションを阻むことです。そのため、指導的な立場にある人へのアプローチは手を替え品を替え、かなりしつこく取り込もうとしてきます。

これらの存在に侵されてしまい、途中でおかしくなってしまった宗教家が過去にたくさんいます。また、いわゆる予言者も、本人は「人類のために」予言をしているつもりでも、人々の不安を煽ろうという低次元の存在の計略にまんまと乗せられているケースがかなりあります。

このことはチャネラーも同様であり、その人が鍛錬を積んでいたとしても彼らの手中に落ちてしまうことはあり得るのです。なぜなら、高度な存在になってくると本当に狡猾で頭がいいからです。

たとえば、彼らが発するメッセージですが、ミカエルなどと高次元の名前を使ってくるのは当たり前ですし、メッセージ自体も天使から来るものとほとんど同じということがしょっちゅうあります。そういう手法を使って、彼らはチャネラーを除々に取り込んでいくのです。

そして、チャネラーが完全に「堕ちた」、つまり信じ込んだ頃合を見計らって、彼らの計画をじわじわと注意深く出してきます。彼らはこちらの弱みを徹底的に突いてきます。彼らが突いてくるもの、それは虚栄心や権力欲や猜疑心や不安です。つまり、彼らは人間のエゴや不安定な部分を突いてくるのです。

これからの時代は映画や本なども利用して、私たちの未来感に恐怖を植え込もうという動きがさらに活発になると思います。でも、どうかそれらをまともには受けないようにしてください。

最初にハイアーセルフと繋がらなければならないと私がしつこく言うのはこのためで、私たちはハイアーセルフと繋がることにより、深い叡智を得ることもできるし、こういった低次元の存在から自分を守ることもできるのです。

さんざん脅かしてしまいましたが、一般の人であれば実際にそういう存在に出会うということはあまりなく、せいぜい妄想により自分のエゴが増長する程度のものです。

私自身はその判断にまだ慎重なのですが、地球に降り注ぐ光が強まり、宇宙的な規模で地球に関心が向けられ始めたため、闇の勢力自体はこの地球からすでに去っていて、現在はその惰性が続いている状態だとのメッセージを得ている人も、最近は徐々に増えてきています。

しかし、そういう存在がいることを知ったうえでチャネリングをするのはとても大切なことなので、簡単には気を許さないようにしてください。

ただし、彼らももともとは「光」であったことだけは知ってあげておいてください。「光」が「闇」に堕ちるのは悲しいからなのであり、バランスを取るためなのです。

また、「負荷」がかかるから私たちには力がつくのであり、そういう意味でも単純に

忌み嫌うということを私はしませんが、興味本位でこうした闇の存在を受け入れること
は非常に危険ですので、絶対にしないようにしてください。

低次元の存在の見分け方

ここでは、先ほど書いた低次元の存在に取り込まれない方法を書いていきます。
先ほども書いたように、ハイアーセルフとしっかり繋がればこれらの存在に取り込まれるということはありません。しかし、ハイアーセルフとの繋がりが希薄でも、簡単に低次元の存在を判断できる方法があります。その方法とは、低次元を見破るために、逆に高次元からのメッセージの鉄則を知っておけばいいということです。
それはとてもシンプルな鉄則です。

「人を導くには『愛』しか使わない」

これが高次元の鉄則です。

高次元の存在は不安や、恐れや、虚栄心、物欲など、人を導くときにネガティブなものを使うということがありません。だから、たとえあなたが信頼している友人であっても、そういうネガティブな発言や行動が目立って多くなってきたときは、元に戻るように、「愛」で導いてあげてほしいのです。

先にも書きましたが、低次元の存在は「○○までに○○をしないと大変なことになる」と言って恐れを煽ったり、仲のいい友人同士をあの手この手で引き裂こうとしたり、終末論に代表されるように、マスコミを使って世間の不安をかきたてようとしたりします。

そんな時、あなたが判断の基準にしていいのは唯一、「愛」だけです。

逆に言うと、ネガティブなものが入っているメッセージは無視してください。しつこいようですが、それでも騙されてしまう人を私はたくさん見ています。

人を導くのに「強制」ということはあり得ません。人を幸せにするのに「制圧」ということはあり得ません。また、世界を平和にするのに「不安」を使うということもあり得ないのです。

「恐怖」を煽ろうとする予言は、たいてい低次元から来たものだと思ってください。なぜなら未来とは変更可能な側面があり、人の意識が大きくそれに関与するからです。

主体が不安定なままチャネリングの感度ばかりが高くなってしまうと、その人の感情の乱れに応じ、高次から低次までいろいろなメッセージが瞬時に入り乱れ、まるで壊れたラジオのように混乱状態に陥ってしまうこともあります。

あなたがチャネリングをするとき、そしてあなたがチャネリングを受けるとき、そのメッセージには愛が含まれているのか、それともネガティブなものが含まれているのか。

これをシンプルでわかりやすい判断の基準としてください。

不思議世界の住人にならないために

チャネリングが始まった人に限ったことではないのですが、いわゆるスピリチュアルの世界には、極端に「ぶっ飛んでしまう」人がよくいます。

感性が極端に鋭敏なために「ぶっ飛んで」しまっている人はまれなのですが、もう一つのパターンとして、現実生活に正面から関わることができなくて「ぶっ飛んで」しまっている人がよくいます。

これは、いわゆる「逃避」ということになるのですが、この「逃避」がひどくなってくると、見るからに主体性がなく、突拍子もない言動が目立つようになってきます。当然ですが、こういう人は何よりもしっかりと三次元世界に根ざした自分というものを確立させることが必要です。

この「逃避」の世界に入り込んでしまい、自ら目覚めようとしないパターンの人は、周囲のアドバイスもまともに受け入れられない思考回路になってしまっている場合がとても多く、いつまでたっても不思議世界の住人であり続けようとします。

「アンカリング」と「グランディング」

その、自ら目覚めようとしないパターンを飽きることなく続けている人には、「ある出来事」が起こり得ます。

それは、「アンカリング」という出来事です。

「アンカリング」とは、「錨《いかり》を下ろす」という意味です。つまり、そんな人には会社が急に倒産しそうになったり、家庭から逃げられない問題が発生したり、嫌でも現実世界に関わらざるを得ない出来事が発生するのです。

一体なぜ、そのようなことになってしまうのか？
これは、ガイドが私たちを導いているということです。
アンカリングに限らず、私たちは日頃から常にガイドやハイアーセルフの導きというものを受けています。

「直感に従えば導きに乗れるが、直感を信じないでいると導きには乗れない」

このことはよく言われているので、ご存じかもしれません。しかし、逃避グセのある人はそこに逃げ込み、「直感」に従って行動していると都合よく思い込んで、それが単に自分を甘やかす「逃避」であることに気づこうとしないケースが多いのです。
この「逃避」をしないためにも、日頃から私たちは「グランディング」を意識した生活を心がける必要があります。

グランディングについては「地面に素足で立つ」とか、「庭いじりをする」とか、表面的な行動のみで解釈されることがあるようですが、実際のグランディングとはそれらも含め、現実生活の難題から逃げないということであり、三次元世界に肉体を持って深く関わるということです。

このグランディングを通じて、私たちは意識を現実化しているのであり、肉体を持っている以上、グランディングをし続けなければならないと私は思っています。

意識の向上をピアノの鍵盤にたとえると、高音ばかりが発達しても素晴らしい曲は弾けず、低音も同時に発達していくからこそ美しい曲が弾けるのです。

たしかにこれは大変しんどいことです。しかしこのことにより、私たち人間の幅は広がっていくのであり、未来が切り開かれていくものなのでしょう。

私のスタッフはチベットの僧侶からこんな話を聞いています。

「私たちのように、現実から離れて悟りの境地を目指すことはある意味楽なことです。本当にすごいのは現実生活に深く関わりながら意識を向上させていくことであり、そういう意味で私はあなたたちを尊敬します」

第8章

根源からの分離とその真実

目覚めの始まり

ワークを展開していくにつれ、私はある確信めいたものを感じるようになってきています。それは、「自分の意識を向上させ、地球とすべての生命に貢献したい」という思いを持つ人が、ものすごく増え始めているということです。

私は「モノリス・ワークは体外離脱や個人の利益にはなんの役にもたたないワークです」と毎回募集時に説明しており、そのため、最初の数回を過ぎればすぐに、参加してくれる人は少なくなってワークは終わるだろうと予測をしていました。

しかしそれに反して、人に対して献身的でありたいという思いを持つ人がこんなにも多くいて、しかもわざわざ参加までしてくれるということに私は本当に驚き、ワークを続けさせていただいていることに、とても感謝をしています。

こんな時代だからこそ、そういう人の目覚めに加速がついてきているのだろうと思っているのですが、同時に、この背景には「大いなる意思」というものの関与があることを感じています。

それはある意味、宇宙規模でのシンクロニシティの始まりであり、人間のあり方が根底から変わり始めているためではないかと私は思っています。

私たちが根源の自己であるハイアーセルフと繋がり、チャネリングを通じて目覚めていくこと……。一見外世界とは関係のない、この個人的な出来事が、なぜ世界の平和や人間の調和に結びついているのかを次からお話ししていきます。

引き寄せられるソウルメイト

私はＭＩＸＩ（ミクシィ）を通じてワークに参加した人たちとネット上でやりとりをすることがあるのですが、その人たち……、おそらくソウルメイトと呼べるような人たちの間で、奇妙な符合というものがよく起こります。

たとえば「闇出し」といって、ある女性が自分の中にあるネガティブなブロックにさいなまれ、それを乗り越えようと苦しんでいるときに、同時多発的にかなりの人が同じ種類のブロックを感じ、それに向かい合っているということがよくあります。

ブロックを解消する際の奇妙な符号……、これは私自身にも起こったことなので、そのことを一部お話しします。

詳しく書くとこれだけで本一冊分になりますので概略のみを書きますが、私には、中世フランスで魔女裁判の審議官として、判決を通じたくさんの人を死に追いやったり、拷問に仕向けた過去世があります。

最初、これは私が感じ取ったものではなく、身近なチャネラー4人が先にそのことに気づいたのです。彼女たちが言うには、私はそのため「自分だけは絶対に自分を許さない」という強い自己否定を持っており、その罪悪感から自分を許すということが出来ないでいるということでした。

そのまま闇を抱え続けるということは私自身が解放されないということなので、彼女たちからはその自己否定を解放するように、と何回もアドバイスをもらっていたのですが、肝心の私にはそのイメージが湧いてこないので、私はそれを疑ってかかり、積極的に関わろうとはしませんでした。

しかし、そのことを知らない参加者の方がワーク中にそのことを感じ取って「啓介さんが解放しないと、その当時の仲間が皆解放されないんだよ」と言ってくれたり、果てはそのことをまったく知らない私の長女にチャネリングが始まり、

「牧師の姿をしたお父さんが自分の首を絞めて苦しんでいる」

「審議官って、言っている」

といったメッセージが来るまでになり、私の中で半信半疑ながらもやっとその闇と対峙する気持ちが芽生えてきました。

今になればわかるのですが、私がそのブロックを感知できなかったのは、前に書いた「かなりの人が、本当の自分の最大のブロックから自分で気づかずに逃げている」ためで、私自身も例外ではなかったのです。つまり「他人の顔はすんなり見えるのに、自分の顔は見えない」ということが、現に自分にも起こっていたのです。

すると、それと相前後して、その当時私から被害を受けた過去世の魂を持つ人たちが、続々とワークに参加してくれるようになりました。こういうふうに、すべてのタイミングが偶然の顔をしながらも必然として一致し始めるということ自体、常識的には考えられないことだと思います。

しかし、それが実際に起こってしまうことがシンクロニシティなのです。これは私一人だけがチャネリング状態になってそのことを感じたわけではなく、チャネラーである複数のスタッフも同時に感じていたので、妄想である可能性は低いと思っています。

波動チューニング

この解放は私にとって非常な苦痛を伴うものでした。なぜならその解放というのは、「波動チューニング」という方法を使うものだったからです。

「波動チューニング」とは、私自身が相手の人の後ろに立ってその人の無意識層にダイブし、そこに潜んでいる苦しみや悲しみのブロックを感じ取り、それに同調をして相手と二人で一緒にそのブロックを昇華させるというものです。

このセッションでは、相手の人が押さえ込んでいる感情を私にも転写するため、普段から私自身が泣いてしまうことがあるのですが、なんとこの回のワークでは相手の人が過去世で審議官の私から判決を受けた本人だったので、その人の無意識層にダイブした私が感じたものは被害者の立場から見た恐ろしく残酷な私だったのです。

ある意味、お互いのカルマの解消方法としてこれ以上完璧なものはないでしょう。

しかし、魂の解放のためのシンクロニシティは、時として壮絶なものも運んでくるという例になりますので、その当時の池袋ワーク日記を以下に転載します。

池袋ワークでの日記

初日の波動チューニングを始めてすぐ、数名の方のブロックを昇華した後にそれはやってきました。

ある女性の胸から腹部にかけて、「縦長」に存在するブロック……。

そのブロックを感じ取ると、思いがけず激しくネガティブな感情が噴出しました。

そしてなぜか強く左回転して逃げようとする僕の体……。

実際に体が左を向こうとします。

「なんだろう？　この感情は？」
※後に知りましたが、浄化時には左回りのエネルギーが発生するそうです。
「嫌悪感」と「恐怖」が入り混じったような激しい感情……。

「逃げたい……逃げたい……恐ろしい……悲しい……もう嫌だ、ここから逃げたい。

私はこんなことをしにここに来たんじゃない!!　見たくない!!　見たくない!!」

叫びにも近いその複雑で恐怖におののいた感情から、僕はその人の過去世を感じ取りました。

……教会のシスター……

僕の行っている残虐な判決……逆らうと自分も殺されるから耐えるしかない。絶対的な権力の前になすすべもない……。パリワークでもシスターだった過去世の人たちがたくさんいました。そして、僕はより鋭敏にその感情を捉えるようになってしまっていたのです。

なんということを僕はしてしまったのだろう……。この女性にそういう感情を味わわせてしまったことを、僕は激しく後悔しました。モーツァルトの『アヴェ・ヴェルム・コルプス』が流れるなか、僕はその人に謝りました。

「この曲を聴いて……この曲を聴いて……‼　あなたはこんなことをしにここ（教会）に来たんじゃない」

「僕がそうさせました」

「あなたの理想を僕が潰した」

「ごめんなさい‼　ごめんなさい‼」

次の人もシスター。

その次の人もシスター。

激しい後悔の感情が何回も僕を襲います。

そしてその次の男性には、もっと激しい悲しみと恐怖のブロックがありました。

激しい慟哭と恐怖。動きたくても動けない焦燥感。

その男性から、赤黒い感情のエネルギーが溢れ出します。そしてその絶叫にも似た感情から、僕は自分が行った罪に倒れるほどのめまいを感じました。

……僕はこの人の愛する妻子を殺させた……。

……真っ暗になる視界……。

泣きながら僕はガイドに問いかけました。

「もういい‼　僕は見たくない‼　知りたくないんだ」

「なぜだ？　なぜここまでさせるのか？」

【お前が選んだ道だ】

「なぜここまでする必要があるのか？」

「僕は自分の道のためにこの人たちに苦痛を与えたのか？」

【お前は感情のAからZまでを会得しなさい】

そして、その次の人は胸から下にもっと太くて大きい絶叫を持った男性……。

その人は僕のせいで拷問を受けて死んでいます。

死に至るまでの想像を絶する苦痛と恐怖、絶望と悲しみ……。

何回も僕はチューニングを中断して嗚咽しました。僕がこの人たちのブロックを癒やさなければならない。そしてこの彼らは僕に癒やされなければならない必然がある。

「ごめんなさい‼　ごめんなさい‼」

「もうたくさんだ……もういい……なんてことをしてしまったんだ……」

【お前に『後悔』を埋め込むために】

「人を殺した……人を殺した……」

【闇の中に光を、光の中に闇を見なさい】

【お前は『光と闇』を内包しなければならない】

体がしびれたようになって動けないでいるその男性を、僕は抱きしめました。

「ごめんなさい‼　ごめんなさい‼」

「光を……光を……」

シンクロニシティというパズル

単なる妄想と言われればそうかもしれません。

しかし、今まで自分が感じてきた感覚だけが人間の感じ得る感覚のすべてではないのです。

一旦それを認めれば、私たちの世界のすべてが知性による創造……シンクロニシティという名の複雑なパズルであることに驚くことになります。

このワークでは、スタッフも含めて24名中18名が前世での当時の関係者、つまりソウルメイトでした。

後になってわかったのですが、私は審議官という闇の世界に堕ちるために、さらにその前の前世では何度も母親に捨てられたり、殺されたり、徹底的に人の愛というものと分離されるという選択をしてきています。なぜなら強い光を放つためには楽しいお花畑の世界しか経験のない魂であっては不可能だからであり、闇に堕ち、それを体験し、それが究極であればあるほどバランスとして魂はより強く輝きを増すためなのです。

このように、私の場合はワークをやり続けていても、そこから少し這い上がるだけで約2年という歳月を要しました。しかしそれでも自己否定はまだまだ残っていますので、実際の覚醒とはとんでもなく険しく長い道のりであるようです。そのためにも、自分一人の力ではなく、堕ちるにも、這い上がるにも、ソウルメイトの協力が必要不可欠になってくるのです。

直感の命ずるままとはいえ、こちらはワークに来ていただく立場なのに、こうやって参加者の方たちのおかげで毎回なんらかの進歩や発見をさせていただけることに、私は深く感謝をしています。

ソウルメイトが共有しているブロック

少し難しい話になるかもしれませんが、ソウルメイトとは、それがたとえ加害者と被害者であっても、実は舞台上の配役のようなものであり、舞台を降りたら魂同士は仲のいい仲間であるといわれています。

それでは、なぜそういう体験をするのか、ということですが、それは共通の目的を持ってそれを達成するために学びが必要なわけで、お互いにそういう配役を引き受けて学びを体験学習しているのです。

ただし、「自分は役を引き受けただけでこれは架空の世界である」ということを知っていてはなんの体験学習にもならないので、前世から引き継ぐ魂の記憶は完全に忘却し、この現世をリアルな現実と「錯覚」し、私たちは生きているのです。

先ほどの例からおわかりいただけると思いますが、一人の人間がそのブロックを解放するときにはそのブロックに関係する仲間たちが協力し、同時に彼ら自身も解放されるということがよくあります。

そして、これは距離が離れていてその場にいなくても、仲間のブロックが解放されると、自分の中にある同じブロックにも同様に目覚めが始まり、解放に向かっていくようなのです。

つまり、個人的無意識の領域を超えて、集合的無意識の層で仲間たちが共有しているブロックというものがあり、一人がそれを解放するということは全体が解放するということに繋がっているようです。

遍在する自己とは

この「ブロックを共有する仲間」について、私はヘミシンクでこのようなヴィジョンを見たことがあります。

私が自分の内側に向かって「自己とは何か？」を問いかけたとき、自分の意識のなか、360度あちこちでスパークが始まりました。わかりやすく言うと、自分の内宇宙のあちこちで星が発火する感じです。

そして次は、紳士服売り場で同じ背広がハンガーに吊るされてズラーッと並んでいるヴィジョンが見えました。これは、あちこち（エリアや時代）に「自己」がまだまだ遍在しているという意味で、ソウルメイト全員ではないにせよ、そのソウルメイトの中にはかなり「遍在する自己」という「ブロックを共有する仲間」つまり自分の分身がいるかもしれないということです。

これはスピリチュアルの世界では「類魂」と呼ばれており、ヘミシンクの創始者であるロバート・モンローが言うところの「I/there」という、すべての過去世と現世の自分の集合体の概念とも重複する部分があります。

もっと簡単に言うと「遍在する自己」とは、「ミニワンネス」であり、これを太陽系にたとえるならば、ミニワンネスは「太陽系∧銀河系∧宇宙」というふうに除々に大きくなっていき、最終的には宇宙、つまりワンネスに至っているのだと私は思っています。

自分が抱え続けるブロックというものは、種類によってはたくさんの人間に共通するものなので、それを解放するということは全体を解放するということに繋がっているようです。つまり私たちが出会いを通じて自己を解放し根源の愛に目覚めれば、それは大きなワンネスにうねりとして響き、世界の平和や人間の調和に直接繋がるということになるのでしょう。

これは、自分一人だけでアセンションを目指すということは片手落ちであるということであり、そういう意味でも個人で目覚めを追求するよりも、複数で自由意思を尊重しながら自分たちが抱えるブロックを広く解放し、より多くの人々と協調しながら解放していく機会を持つほうがいいということになります。

またこの「遍在する自己」、つまり自分の分身や、自分のカルマのかけらを残した場所へは実際に自分が肉体としてそこに行き、それらと出会い、お互いが共有するカルマを解消するということが大事であり、このことには後で説明する「分離からの統合」という重要な意味が含まれています。

魂のご縁

通常であればそう簡単に「遍在する自己」とは巡りあえないし、自分がカルマを残した場所がどこであるのかなど、想像もできないことでしょう。しかし、自分の持つ動機が宇宙の意思に沿うものであれば、そこへは自然にシンクロニシティが導いてくれます。また、仲間にしても、たとえ自分では気がつかずじまいでもシンクロニシティで出会えて、関係性を持つようになっているものなのです。

魂のご縁（関係）とは、不思議なようで実は不思議ではありません。かつての私は、「前世というものがあるにしても、この広い世界の中でそうそう都合よくお互いが出会えるわけがない。だからたいていは妄想だろう」と、思っていました。でも、それは間違いだったのです。

「この世は無計画に魂がぶちまけられた世界で、それぞれが勝手に関係していく」という捉え方よりも、「魂は永遠であり、お互いに永々と転生をしながら絡み合っている。この世はその流れの中のほんの一部」という捉え方のほうが自然だったのです。

そもそもこの世界自体、「創造」というものがなければまったく何もない「無」の世界だったでしょう。でも、そこに「創造」がなされたから万物があり、関係性という名前のさまざまなドラマが生まれてくるのです。

これは実際に私がチャネリング体験を重ねていくうちに実感として得たもので、この世界は私たちが認識している三次元だけではなく、他の次元が重なって存在し、その次元の意図がシンクロニシティとして私たちを動かし、出会いを演出しています。

そしてそれは、たとえ私たちが無自覚であっても私たちに意味のある行動を常にとらせているのであり、私はその精妙さに気がつくたびにつくづく感心してしまうのです。

愛の基本法

それではなぜ、「私」という一つの魂はわざわざ分身の術まで使って自己を分離させたのでしょう?

それは簡単に言うと「効率」であるようです。どうも「私」たちはこの世に誕生する際、効率よく体験ができるように自分の魂を複数に分け、それぞれがいろいろな役割を引き受けながら協力をし、一つの目標を目指しているようなのです。

その目標とは、単純に言えば「愛」です。これからそのことについて詳しく説明をしていきます。

まず、エンリケ・バリオス著『アミ小さな宇宙人』（徳間書店刊）でも述べられているように、宇宙の基本法は「愛」であるということをよく理解してください。「愛」、すなわち思いやりの精神が宇宙全体の基調になっています。しかしこの宇宙の「愛」という概念は通常の私たちが持っている「愛」という認識とはかけ離れ、非常に高度な意識を指しています。

通常、私たちが「愛」と認識しているものは、随分と自分に甘い考えのものが多く、そこには「情」や「執着」、つまり私たち自身の「自己愛」が多分に含まれているのです。

それは前に説明した自分の本質である「光＝神性」を尊重するものではなく、それに暗雲の如く取りついてしまっているネガティブな思い込み、疑惑、不安、恐れ、悲しみ、妬み……、それらを満たそうとして発生している感情です。

恋人を愛することをとってみても、そこには疑惑や不安から発生する束縛という名の執着があったり、本人は愛だと思っている感情が実は捨てられたくないという恐れの裏返しであったり、自分が寂しくなりたくないから愛してもらおうという「自己愛」が多分に含まれています。また、これは私の場合ですが、幼子を守りたいと思う感情の背景には、過去世で自分が親から捨てられたインナーチャイルドがあり、それを相手に投影して悲しみを癒やしたいという、結果的にはその中に悲しみから発生した「自己愛」が含まれているケースもあります。

しかし、それがたとえ「自己愛」だったとしても、相手を癒やす側面もあるので私はそれを全否定するものではありません。「自己愛」以外に、たいてい純粋な愛も含まれていますので、短絡的に駄目出しすべきではありません。というのも、この観点からすべての愛を判断したらこの世にあるかなりの愛を否定してしまうことにもなりかねないからです。

つまり、「自己愛」が絡んだ条件つきの愛……、そこには「自分への執着」というものが必ず含まれてしまっているため、宇宙的な尺度から見るとその意識レベルは必ずしも昇華されたものではないということなのです。

だからといって自分を大切にすることに否定感を持つのは間違いです。なぜなら宇宙の基本法の「愛」とは、自分の本質である「神性」をも愛する心であり、これは「すべての人の中に光を見なさい」という言葉の中の「すべての人」には自分も含まれているからです。

つまり、「自己愛」が自分のエゴや欲など、ネガティブな暗雲を愛するのに対して、宇宙の基本法の「愛」とは、それを排除した自分自身の「神性」を愛するということなのです。時々、優しすぎる人が陥ってしまう状態に、「自分がボロボロになっていても、なおかつ人に愛を与え続けようとする」というケースがありますが、これは感心すべき状態ではありません。なぜなら、その人は「自分も含めたすべての人の中に光がある」のに、たった一人自分だけをそこから除外しているからです。そういう人は10人癒やされるべき人がいたら自分は11番目、100人癒やされるべき人がいたら自分を101番目に置こうとします。

どんなにつらいことがあっても、自分を癒やす順番は最後に回してしまうのです。これはもちろん「自己愛」ではありません。ただ、「すべての人の中の光」つまり「神性」を一番大事な自分自身には認めていないということになるのです。もしもあなたがそういう状況にあるのであれば、とにかく自分を大切にしていただきたいと思います。

より多くの人を癒したいのであれば、倒れる前にまず自分を癒してあげて欲しいのです。それが「神性を愛する」ことだと私は思います。

先ほども言いましたが、「自己愛」とは、自分の「神性」を愛する心ではなく、それを取り巻くエゴや欲に執着する心です。私たちがそれを把握するには自分の無意識下にあるブロックを知る必要があり、だから私たちは自分自身の闇と対峙しなければならないのでしょう。

そのため、先ほど書いたように「遍在する自己」たちは自己の闇を掘り起こす「闇出し」という体験をするのであり、その闇と対峙し乗り越えることによってはじめて自己否定が癒やされていくのです。

自己否定を解放し、宇宙の基本法である「愛」を身につける。

それは知識ではなく、体験でしか得られないものであり、遍在する自己同士が繋がり合うのも、この「自己愛」を超えて協力し合うという学びの側面を持っているのです。

人類に設定された分離と統合の真実

ここから先は私が受けたメッセージも含めて書いていきます。

私たちは学びを体験するために、地球という体験施設で、宇宙意思から「ある設定」をされています。それは先ほど書いた宇宙の根源の「愛」、つまり「神性」から自分を分離するという、ワンネスとの一体感をなくした過失状態に、地球はまるごと「設定」されてきたのです。

基本的に宇宙の星々は根源と分離されるということはなく、愛と調和に満ちています。そのため、このように「根源から放り出される」ということは非常にまれなことで、私たちが学んだことは、それがいいことであれ、悪いことであれ、宇宙にとっては貴重な体験として認識されることになります。これが「地球は壮大な実験場である」といわれるゆえんです。

この分離についてですが、人類には徹底的な設定がなされています。まず人類には「人種」という、肌の色で一目でわかる形で分離が設定されました。精神面では、「五大宗教」

（キリスト教、イスラム教、ユダヤ教、仏教、ヒンドゥー教）という形で信念としての分離が設定されました。また、「言語」というお互いのコミュニケーションを分離する設定もなされました。

これらの分離の目的は「統合」にあります。つまり、根源から切り離された人類に「人種」や「宗教」「言語」その他諸々の分離を設定し、それらを統合していく過程で「相手を思いやる愛」つまり「神性に目覚める」という設定がなされてきたのです。

「分離」と「統合」……、この実験は成功しているのでしょうか？

現在の人類を見ると、一見これは失敗したかのように思われるかもしれません。

確かに、人類という大きな意識レベルでは統合はなされていません。しかし、個人的な意識レベルでは大きく変化が始まっているので、必ずしも失敗というわけではないのです。ただ、この実験はそろそろ終わりに近づいています。なぜなら、これ以上の実験がそろそろ不可能になってきたからです。

過渡期を迎えて

このことは1945年、広島と長崎に原子爆弾が投下されたことに端を発しています。核の問題には、先に書いた闇の存在が大きく関与しています。これは、人類は大きな意識レベルではまだ「思いやりの愛」には至らず、いまだに変形した「自己愛」に支配されているということなのです。

第二次世界大戦で、人類は統合どころか自らの首を絞める闇のテクノロジーを身につけてしまいました。この1945年頃から世界各地でUFOが見られるようになったのは偶然ではなく、宇宙全体がこの危機的状況を察知し、同時に地球の未来に関心を持って集まってきているからなのです。

その後、秘密裏にも繰り返された核実験は、現代の科学ではまだ気がついていない事態を招きつつあります。水や大気の汚染は想像以上に深刻な影響がありますし、また、地下核実験は、地球の地底世界に対して悪影響を及ぼしています。

しかし、これは今、過渡期を迎えるにあたっての悪い側面にすぎません。なぜなら、この危機的状況が逆に個人の目覚めを促進し、環境問題や社会貢献を通じて、草の根レベルでこの世界をなんとかしようとする人が急激に増えているからです。これは人間に本来備わっている機能、つまり「神性」がその内側から輝きだしたということなのです。人類がこの地球から新しく生まれ変わろうとする予兆も、その後、示されています。

1969年、人類は母なる地球の保護下から飛び出し、月に到達しました。これは、人類が新たな段階に入ったということであり、原子爆弾による破壊と同時期に、人類は地球という保育器では収まらないほどの成長を遂げたのです。

ここまで成長してきた私たちはもう、旧来の殻には収まりそうにありません。つまり、人類は、そろそろモデルチェンジの時期を迎えているのです。

私は人類の未来に対して、まったく悲壮感というものを持っていません。なぜなら、今の状況はひとつの過渡期、つまり産みの苦しみであり、闇の存在もすべてひっくるめて、宇宙としてはシナリオどおりの進行であるからです。

今、人類は自らの意思で愛に目覚め始め、自らの力で変わろうとしています。そのための準備の一環として、現在、人類の中から爆発的に目覚める人が増えてきているのであり、今後、それは集合的無意識を通じて急速に世界に広がっていきます。

第9章

覚醒し始めた人類

宇宙人の魂を持つ人々の目覚め

社会が大きく変わりつつあるこの時代、さらにあることが始まっています。私はこの現象を人類の目覚めの全体像ではなく、一部であると思っていますが、これを先ほどの「ミニワンネス」の目覚めと関連づけて捉え、この傾向は今後さらに同時多発的にあちこちで起こり始めると考えています。

この現象とは何か……？

それは宇宙人の魂を持った人々の目覚めです。

これは私がワークの中でリアルに感じていることですが、ワークの回数を重ねるにつれ、この宇宙人の魂を持った人々の目覚めが、ものすごく増えてきているのです。宇宙人の魂を持った人々とは、宇宙から志願してこの地球に降り立った人々で、その多くは地球での転生の数が少なかったり、はじめてであったりしますが、なかには何回も地球で転生を繰り返した魂も時々います。

このことについてはスコット・マンデルカー博士が書いた『宇宙人の魂をもつ人々』（徳

間書店刊）に詳しく書かれてあり、博士は本の中でこの人たちのことを「ワンダラー」と呼んでいます。

この「ワンダラー」については、私の感度が低かったせいもあるかもしれませんが、２００７年にワークを始めたときには、そんなに出会うことはありませんでした。しかし２００８年の半ばから、急速にその意識を持った人々の参加が増え始め、２００９年になると、ワークによっては参加者全員が「ワンダラー」だったこともあるくらいになってきています。

この「宇宙人の魂を持つ」という自覚については、ほとんどの人がワーク中にその意識に目覚めるのですが、物心ついた時から宇宙人時代の記憶を持っていて、誰にもそのことが話せず苦しんでいたという人もまれにいます。また、なかには、目覚めるというよりもその「目覚めた状態の自分」が信じられず、半信半疑のままでワークを終える人もいます。

ワーク中、私はその人が「ワンダラー」であることに気がついても、私の見方が間違っているかもしれないので、その瞬間はなるべく「宇宙人」という言葉は使わないようにしています。しかしほとんどのケースで、スタッフの複数のチャネラーが同様の気づきを得ているため、カードリーディングや集団チャネリングの結果も踏まえ、その人の魂が本来の目的を思い出すために「ワンダラー」であることをお話しするようにしています。

とてつもない孤独感

「宇宙人の魂を持つ」……。

このことについて、ファンタジックなものを感じる人も少なからずいるでしょう。しかし、ワンダラーには最初に書いた「生まれつき感度が高い人」と重複している人が多いため、悲惨な過去を歩んでいるケースが結構あります。

たとえ生まれつきの感度は高くなくても、人の世を渡っていくために必要な「物の見方」、つまり「価値判断の基準」がかなり世間離れしているため、社会から疎外される場合もありますし、逆に疎外されないように自分の思いを押し殺すことに長けてしまい、それが強い自己否定を呼んでしまっている場合もあります。

そんな彼らはある共通した感情を持っています。

それは、「とてつもない孤独感」です。

地位、競争、比較、憎悪、攻撃、軽蔑、疑惑、支配。

彼らは今の人類が放っているこのような低い波動は持っておらず、この地球のアセンションに貢献するため、宇宙の基本法、つまり、「思いやりの愛」に基づき、自ら志願し、波動を下げて降りてきたものです。

しかし、この地球の粗い波動は、彼らの予想を遥かに超えたものであり、貢献どころかそれに押し潰され、自分で自分が誰なのかも思い出せず、世界に違和感を持ったままさまよっているというのが現状なのです。

「宇宙人の魂を持つ」という概念があまりにも非現実的なため、自分がそうであるということは夢にも思わないまま、違和感を持ちながらこの三次元世界を生きている人は、実はもっと多いのではないかと私は思っています。

典型的な宇宙人意識の目覚め例

宇宙人意識への目覚めに限ったことではありませんが、人が自分の中の最大のブロックを外し、意識の波動が上昇するときには、かなりのケースで「得体の知れない不安感」というものに襲われます。これは無意識の層で自分の変化を予感しているからで、旧自分が、「自分が消滅し」、新自分にとって代わられることを感じて動揺しているからです。その後、時間がたってその変化が確信に変わったときには、その「不安感」は、「悲しみ」に変わります。

その時にはたいていの人が泣き始めます。しかし、これは新たな誕生前の涙であり、ブロックが外れた際には、驚くべき変化が具体的に見られるのです。

「顔が変わる」のです。

私はこの変化を何回も見ています。「顔が変わる」と聞いて驚かれたかと思いますが、もちろんこれは顔がそっくり別人になるということではなく、表情が変わるということであり、すべてのケースで共通した変化が見られます。

それは、顔の表情が「柔らかく、愛らしくなる」のです。

逆に言うと、無意識の層になんらかの自己否定感を持っていると、その表情は硬く冷たいものになりますが、それが外れると「本来この人はこういう顔なんだ‼」と周りが驚くほどの変化が見られるのです。

これらのことも含め、宇宙人意識の目覚めについて、広島ワーク参加者のTAMYさん（MIXI名）が日記に典型的な例を書いてくれています。具体的な目覚めがレポートされていますのでそれを紹介します。

※かなり長い日記ですので御本人の了承のもと、編集をしています。

広島ワーク参加者のレポート

広島モノリスワークはヒーリングしか経験したことのない僕にとって、はじめての本格的なスピリチュアル系ワークショップでした。

ヘミシンクは8月に手に入れて9月の広島ワークに備え、ぼちぼちと聴き始めたのですが、最初のころはビジョンもたまに見えるかなあといった程度で、寝てしまうか意識が飛んでしまうことがほとんどでした。

そのころから頭頂と額がざわざわする感覚は出始めていたのですが、そのうち除々にヘミシンクで宇宙空間や星、鳥や、人間じゃない知的な生き物などのヴィジョンが見え始め、モノリス・ワーク一週間ぐらい前のある日、「ガイドの姿を見せてください」とお願いしてみると、触覚みたいな角がある生き物が出てきて僕はのけぞりました。「なんじゃこりゃ！」と思っていると「鳥」と教えられましたが、地球上にいるような鳥とは似ても似つきません。

このころから僕は、もしかして自分の起源は宇宙人なのだろうか？　と密かに思うようになっていました。

モノリス・ワーク初日

会場に入ったときから頭頂からおでこにかけてのざわざわ感をより強く感じ始

め、ヒーリングでエネルギーが流れ続けているような体感がワーク中には特に強く感じられました。

ワーク1日目にはほかの参加者へのリーディングに全員でトライしました。人のリーディングをするということははじめてだったため、要領がわからずに困惑しましたが、次第に慣れてきて、そのうちほかの人のリーディング内容と一致していることもあるのに気がつき、驚きました。

モノリス・ワーク2日目

リーディングトライアルでとうとう僕の番が回ってきました。みなさんのリーディング結果は、出るわ出るわ、宇宙や宇宙人関係ばかり。

実は僕、宇宙人ではないと、みんなに否定されたらどうしようという強迫観念を抱いていました。普通の感覚では宇宙人なんてトンデモだし、地球人であることを悲しむ理由はないと思います。でも僕は「宇宙人であることを否定されたらもう居場所がない」という不可解な感覚を覚えていました。宇宙人ということを認知され、ほっとしているというのは、冷静に考えるとかなりイカれた話だと思います。

次に行ったヘミシンク・セッションで出てきたのは五つのヴィジョンです。このヘミシンクでは最初からCDのナレーションに「私は誰？」とか、それぞれ五つの質問があらかじめ入っているので自分は変性意識になってその答えを待つのです。

①私は誰？

地球ではない惑星。空がものすごく青い。地平線に見える明かりは夕焼け。オレンジと赤と青のコントラストがすごく綺麗。下の方に見えるのは雲？　空中都市。ひし形を立てて頂点から上下に棒が伸びたような建物がいくつかある。

②今回の生以前の私の生は？

神官か王族みたいな豪華な服。身分は高そう。四角い大きな帽子をかぶっている。髭をはやした老人。西洋人に見えるが東洋人かもしれない。

③今世の目的は？

「公」「総」「差」という文字が浮かんできた。最初の公は総の字画かもしれない。何かを集めるということだろうか？

※後に出てくる参加者の「きーちゃん」の名前には「公」の字が使われているが、この時点で本人はそれを知らない。

④何をやるべきか？

ヘッドホンのイメージ。「ヘミシンク」という言葉。家族の姿。

⑤一番大事？

青空の中、穏やかで綺麗な富士山。夜の星空の中ＵＦＯが飛ぶ。

次は波動チューニングです。準備として、ケイスケさんの導きのもと光の呼吸を始めます。

光のバルーンを自分を中心に徐々に広げていくと、隣の人のバルーンと触れ合う感覚を持ちました。それを越えて参加者全員のバルーン同士が重なってさらに広げていくと、本当に広島全体を包むのが見えます。すごく新鮮な経験でした。次にみんなで輪になって二人ずつペアで波動チューニングを受けます。

順番を待つ間、あぐらをかいて座っているのに上半身がぐるんぐるんと勝手に回ってしまいます。体が動く人がいるとは話には聞いていたけど、まさか自分に起こるとは！　と驚愕。回転を止めようとすると、そちらのほうがしんどい。身をまかせたほうが楽なので回るにまかせました。

しばらくすると泣きたい衝動が胸からこみ上げてきます。待っているだけなのに何で僕は泣こうとしているのか？　チューニングをされている人と同調しているのだろうか？　いい年をしたおっさんがメソメソ泣いたらみっともない。

しばらく抵抗しましたが、ついに陥落。涙がポロポロ……。ふと右隣を見るときーちゃんが泣いており、ほぼ同じ時に泣きだした模様。女の子なら絵になるよなあと思いながら、情けなく泣いている自分。

そしてとうとう自分の番が回ってきました。なんとペアは、きーちゃん。泣き虫同士一緒にチューニングしてもらおうね、と心で話しかけ椅子に向かいました。まずはきーちゃんから。

隣で聞いていましたが、そこでケイスケさんが口走ったことはまさに驚愕でした。

僕ときーちゃんは同じ星の出身。

同じ宇宙船で地球に降り立って仲間とはぐれてしまった。

荒れ果てた荒野の地球で、独りぼっちで過ごしてきた。

寂しかった……。悲しかった……。でもやっと仲間とめぐり合えた。


仲間？　仲間って？　僕？

僕にも仲間とはぐれた悲しみのブロックがおなかと頭に‼

2％ぐらい残っていた理性がそんな馬鹿な！　と訴えていましたが、そんなことはお構いなしに感情が爆発します。胸の底から湧きあがる歓喜の波動‼　魂が本当だと言っている‼　数千年前か、数万年前か、今の僕にはわからないけど悠久の時を経て誰にも理解されなかった、深い、深い、悲しみ……。その悲しみを、この広島モノリスで昇華する‼

やっと見つけた仲間。僕たちは再会しました。

僕たちは魂の兄妹だ！　大切な妹よ！　今までよく頑張ったね！

体中の細胞が歓喜に震えていました。

中心の席から輪に戻った僕はあいかわらず回ってヘロヘロ状態になっており、その後もうつむき加減にぐるぐると回っていましたが、そんな僕に会場を包むエネルギーが見えはじめました。地の底から紫色のエネルギーが螺旋状に上がってきています。天からは明るい無数の光の帯が集まってきています。その周りにはたくさんの小さな光の存在（？）が飛び回っています。

地からの螺旋エネルギーと天からの光の帯が、波動チューニングの二つの椅子の所で焦点を結んでいます。波動チューニングが終わったときには無数の水の粒のように見えるものが、みんなが座った輪の外側をぐるぐる渦のように回っているのが見えました。これはこれで驚きの体験です。恐るべし！　波動チューニング‼

「宇宙人であることを否定されたらもう居場所がない」という不可解な感覚には理由があります。僕には小さいころから他人とは馴染めない、他人は恐ろしいという感覚がありました。人を傷つけ、裏切り、奪い、嘘をつき、おとしめ、悪いとも自覚していないのが人間の本質だと思っていました。こういう人間よりも正直な自分のほうが疎外されるという現実に悲観し、どうせこの人たちには僕のことなんか理解できないと考えていました。

やはりここは自分の場所ではない、という感覚が根底にあったのだ、と今ならわかります。

次は五つのメッセージというヘミシンクです。これも先ほどのCD同様にナレーションが入っており、自分にとって重要なメッセージが5番目から順番に出てくるので、自分はその答えを待ちます。

①五番目に重要なメッセージ
テーブルがあり、うすぼんやりとガイドが立っています。テーブルの上には古い世界地図。何のことか意味がわからなかったので、「これは何ですか?」と聞いてみると、「調べる」「探す」という言葉が返ってきました。

②四番目に重要なメッセージ
テーブルの上はいびつなドーナツのようなものが載っていました。両手で持てそう

な大きさで、真ん中の穴は小さく、色は赤かオレンジっぽく見えますが、これもわからなかったので聞いてみました。すると「果実」「真実」という言葉が返ってきました。

③三番目に重要なメッセージ

宇宙空間に、星と星に渡るぐらい、ものすごく長くてクネクネした大きな滑り台が出現し、その上を無数の子どもたちがキャーキャー遊びながら滑り降りていきます。行き先は地球かなと思いました。

④二番目に重要なメッセージ

洋館にあるような観音開きの白いフレームのガラス窓つきドアが見え、ドアの外は狭いベランダになっていて、白い手すりがついています。そこから外を見ると青空と林のある明るくて気持ちのよい空間があり、そこには無数の白い妖精たちが楽しそうに遊んでいます。

地球全体が見え、光の帯が何十個も地球の表面上空を縦横無尽に飛び回っていて、地球のオーラがだんだんカラフルに明るく強く広がっていきます。

⑤一番重要なメッセージ

僕にはスピリチュアルな知識なんてほとんどありません。ケイスケさんの本を入れても3冊程度読んだだけでしたが、まさか自分自身が誤解しようもない形でメッセージを受け取るとは思ってもいませんでした。

そしてワーク最後のシェアリング時に、僕はまたまた驚愕の体験をしました。シェアも後半に差しかかったころ、ふと気づくと無数の透明の粒子がサーッと目の前を流れていて、部屋のあちこちを見てみると、いろいろな向きの流れがいくつか存在し、同じ空間をお互い干渉せずに流れています。

輪の中心には「日立」のマークを単純にしたような形状のものが一瞬見え、そして次に対面に座っている人の頭や体の周りにある白い光が目に入りました。「うわっ、これがうわさのオーラ？」目の残像現象と勘違いしないように気をつけてみてもやはり見え、意識を集中するとコントラストが上がることもわかりました。

まったくの素人が、たった一回でトンデモさんに変身か？

帰宅後、友達になるためにMIXIのきーちゃんのページをPC画面に出しました。そこで予想もしていなかったとどめの出来事が起こりました。きーちゃんのプロフィールの写真が目に入った瞬間、僕は愕然とし、そして感動に涙しました。


ワーク最後のヘミシンク五つの重要なメッセージを分析すると、

五番目に重要なメッセージ…古い世界地図↓「調べる」「探す」

四番目に重要なメッセージ…赤いいびつなドーナツ↓「果実」「真実」


四番目に重要なメッセージで僕が見た、赤いいびつなドーナツは、きーちゃんのプロフィールの写真に写っている穴の開いた赤いカキ氷そのものでした。「果実」「真実」とは、きーちゃんのことだったのです。僕はシンクロニシティに導かれ、広い世界の中からやっと仲間を「探す」ことができたのでした。

今回のモノリス・ワークで、僕はとてつもない宝物を二つももらいました。一つはきーちゃん、もう一つは、根源の愛とのワンネスです。音楽ヒーリングのときに降りてきたメッセージを掲載してこの日記を閉じたいと思います。

—bless the children
Children とは貴方たちのこと。
この荒れた地上世界で、みんな必死に頑張っている。
寂しくて、辛くて、悲しくても……
貴方たちは根源の愛と光に繋がっている。
それを忘れずに、精一杯地に足をつけて、必死に生き抜きなさい。
bless the children……子どもたちに祝福あれ。

このレポートは典型的なものなので載せましたが、すべての参加者にこういう激しい目覚めが起こるものではありません。しかし、当日の参加者もこの体験を共有しており、この2年間ですでに1000件を超えるレポートやコメントがコミュニティには寄せら

れているので、これが作られたものではないことはそれらが証明してくれていると思います。

覚醒スイッチ

本来、目覚めとは瞑想を通じて自己を浄化し、自分の本質である「神性」に近づくことで、ある日突然得られるものなのですが、分離が解除されつつある現代では、それが非常に起こりやすくなってきています。

最新の分子生物学には「エピジェネティクス」という理論があり、それによると遺伝子には外部環境によって作動する「オン・オフ」のスイッチがあり、それは外界から受ける波動や心という精神的要因等でも作動するということがわかってきています。スピリチュアルの世界では宇宙から地球に降り注いでいる波動が上昇してきていることが常識になっていますが、どうも意識変容の準備が出来た人間がこの波動に共振すると、人間のＤＮＡに組み込まれたこの「覚醒スイッチ」が作動するようで、人から人へと伝わっていく波動には、さらに強い効果があるのではないかと私は思っています。

「覚醒スイッチ」とは何か？

それは、人の内側に設定された最大の分離……。

「究極の分離」からその人を目覚めさせるためのスイッチです。

それでは、「究極の分離」とは何か？

それは、個人としての人間……、その内世界に設定された「意識の分離」です。

つまり、根源から引き離しておくために、私たちは意識を「顕在意識」と「無意識」に分離されてきたのです。

人間の意識に隠された秘密

これは、本来の人間には「顕在意識」と「無意識」という分離はなく、意識全体として丸ごとそれを把握しているということを意味しています。本当であれば、私たちは自分の転生のすべてを知っているし、自分がワンネスに組み込まれているという実感も、自分が神の一部であることも、ほかの人の意識も、ハイアーセルフも、すべてが統合された状態で自分自身そのものとして「在る」はずなのです。

なのになぜ、私たちに「顕在意識と無意識」という「究極の分離」が設定されたのでしょう？　それは「分離」を統合していく過程で自己否定という名の闇を受け入れて、それを癒やし、「自分を思いやる愛」を蘇らせるためだったのです。

逆に言うと「自分を思いやる愛」、自分の中にある光と闇を共に受け入れ、それらを愛することができるようになれば、「顕在意識」と「無意識」に統合が始まり、根源と繋がるようになるということなのです。

これが人間のアセンションです。

私たちは、本当の自分は宇宙の基本法である「思いやりの愛」そのものだったことを思い出すことで、実は自分という存在は闇も光も内包し、それらをあるがままに受け入れることのできる「神性」そのものであったという意識に至るのです。

しかし、先ほども書いたように、これ以上の実験はもうそろそろ不可能になっています。この時代、目覚める人が爆発的に増えてきているのはその実験が終わりに近づいているからで、地球にいるすべての魂を本来の姿に戻すために、波動というエネルギーを送って「覚醒スイッチ」が入れられ始めたのが現代なのでしょう。

銀河の中心から流れてくるこの波動は、シリウスから月を経由して全地球に等しく降り注いでいて、近年ますます強くなってきています。そして人類の目覚めは最初から計画されたもので、その「覚醒スイッチ」が比較的早い時期に作動する民族があります。

それは「日本人」です。

日本人、そしてあなたの役割

基本的に日本人は（全員ではありませんが）、集合的無意識層に宇宙の基本法である「思いやりの愛」を持っています。もちろんこれは世界中どの民族にも当てはまることではありますが、それが比較的多いのが日本人だということです。

私たちは普段それを感じることはあまりありませんが、危機的状況になったときにはその特性がおおいに発揮されることになります。私は阪神大震災を経験していますが、もしもあの大地震がほかの国で起こったのならば、おそらく強奪や暴動が繰り返され、手のつけられない状況になる国は多かったと思います。

しかし、あの時、日本人は「思いやりの愛」を持っている人が多かったため、お互いに助け合い、励まし合いながら悲しみを共有して今日に至っています。

狩猟民族ではなく農耕民族であった日本人は、そのDNAの奥底に、「調和と協調」という霊的な精神を持っており、その精神は縄文時代以前、それよりももっと古代から存在していました。

戦国時代を見ればわかるように、その後、その精神は薄れていくのですが、完全に失われるということはありませんでした。「侘び、さび」といった高い精神性も、「調和と協調」の精神をもつ日本人ならではの特徴があるから残り得たのでしょう。

アメリカのチャネラー、リサ・ロイヤルも指摘するように、この精神というものを生かして日本人はエネルギーレベルで今後世界に影響を及ぼすようになります。先ほど、日本人には比較的早い段階で覚醒が始まると書きました。これから意識の分離、「顕在意識と無意識の分離」の統合がたくさんの人に始まるでしょう。

そのため、日本では「思いやりの愛」に目覚める人が爆発的に増えてきており、昨今のスピリチュアルブームも単なるブームではなく、本格的な目覚めの前兆なのです。

最近はこの粗い波動の社会に馴染めない人が増えていていますが、それも当然であり、この過渡期であればこそ増えてきている現象なのでしょう。

今まではボトルの中で「水と油」「低い波動と高い波動」がシャッフルされていた混

乱の時代でしたが、これからそのボトルがテーブルの上に置かれ、波動の分極化というものが始まります。

そんななかで、私たちは一体どう行動すればいいのでしょう？

それは簡単なことです。私たちは等しく全員に割り当てられた「役割」というものを持っています。これはもちろん義務ではありませんが、人は自分自身の直感に素直に従っていれば、自然にその「役割」にたどり着くことになります。

役割とは、なにも大袈裟なものではありません。人によって、それは社会奉仕に努めることであったり、医療現場で献身的に働くことであったり、また家庭内で子どもを守り育てることであったりと、さまざまな役割があります。そしてすべての役割について共通すること、それは、動機が「思いやりの愛」であるということであり、さらに幸いなことに、その仕事をすることが自分には楽しくて仕方がないというプレゼントが必ずついているのです。これは逆に言うと「動機がエゴや欲」である行為は、やっていても楽しくないし、多分それを追求していては精神的にますます虚しく、貧しくなっていくだけであるだろうということです。

確かにこの三次元世界で生きていくためには、利益ばかりを追求する会社であっても従わなければならないし、自分が宇宙的意識を持っていることもなるべく隠して生きていかなければならない場合もあるでしょう。

サラリーマンである私も、そのギャップにはいつも苦しんでいます。

しかし、私たちは高い意識を保ったままで三次元世界にしっかりとグランディングするからこそ自己が鍛えられ、高次元の意思を現実化していけるのでしょう。だから、たとえ実験が終わりに近づいていても、悩んだり苦しんだりしながらがらも、たくさんの人間がつつましく暮らしているこの三次元世界を見捨てず、人を愛し、自分の中にある「思いやりの愛」を最後の最後まで発揮していかなければならないと私は思うのです。

スピリチュアルな知識や経験が豊富にあることより、たとえそれが平凡で小さなことであっても、動機が「思いやりの愛」であることのほうが、これからの時代には遥かに大切なことになっていきます。

今後、私たちはいろいろなシチュエーションで自分の本質を試されるようになると思います。世界的な激動はますます激しくなり、地球規模での「闇出し」もまだまだ続くでしょう。しかし、自分の本質である「神性」をしっかりと保ち、その中にある「思いやりの愛」を見失うことがなければ、私たちの輝きが損なわれることはありません。

リラックスして自分を解放し、本当の自分自身の生というものを生きることができるようになれば、真の幸せは必ずやってくるものだと私は信じています。

あなたが本当の生を生きる……。
そのための準備はすでに整っています。

宇宙からの波動、ワンダラーによる献身的な協力、遍在する自己の目覚め……。
これらが私たちを長い眠りから目覚めさせてくれます。
自信を持ってください。
次はあなたが目覚める番です。
変化を恐れず、根源の自己を信じて第一歩を踏み出してください。

エピローグ

プロローグにも書きましたが、目覚めが始まった当初、私は相談する人もいなければマニュアルもない世界で、怒濤のごとく起こる変化に翻弄され、しっかりと自分を保つためには「内なる声」だけが頼りという状態だったため、かなり悩みました。

その後、ワークを重ねるにしたがって、この現象は私だけではなく多くの人に起こり始めていることに気がつきました。そして、ワークを通じて、自分が蓄積した経験をそんな人たちのサポートに役立てられればと思うようになり、シンクロニシティに導かれるままに今回、この本の出版が決まりました。

改めて読み直してみて感じるのは、この本は私が一人で書いたものではなく、ワークに参加してくれた人たちや、スタッフのヒーラーさんたち全員の体験があればこそ、書けたものであるということです。

それは癒やしであったり、目覚めであったり、泣いたり笑ったり、人が本音で寄り添うということはこんなにも温かく、お互いを成長させるものであるのかという発見の連続でした。

これらの経験を経て、人と人との関係は、たとえそれがネガティブなものであっても、あらゆる出会いと体験が私たちの魂の向上に通じているということ、そしてそれがどんな状況であっても人は人を尊重すべきで、自分の考えを押しつけず、おのおのの魂を受け入れることがお互いの成長に不可欠なことであることを私は学びました。

ともすれば人はこの三次元世界を味気なく、つらいものだと認識しがちですが、私は、荒涼とした惑星が多い中、青い海や緑の大地に恵まれたこんなにも美しい星に生まれさせていただいたこと、また、私と関係してくれる魂たちの行為のすべてが、愛に満ちた動機から発生していることを知るに至り、それに深く感謝できるようになりました。

私たちは光から生まれ、ネガティブな想念に支配された後、また光に戻るわけですが、それがいかに素晴らしい体験であったのか、将来語り継ぐことになるでしょう。

最後になりましたが、私を支えてくれているワークスタッフ、家族、そしてワークに参加していただいた皆様に感謝をして筆を置きたいと思います。

ありがとうございました。

●著者略歴

鈴木啓介（すずき・けいすけ）

1956年3月生まれ。高校から大学にかけてロックバンドでドラムを担当する。大学時代にはＮＨＫ大阪放送劇団研究生を経て劇団5期会に所属。大学卒業後、工業系商社に就職。外資系化粧品会社を経て、外資系製薬会社に22年間勤務。2007年、『ヘミシンクで起きた驚愕の「前世体験」』（ビジネス社）の本の出版に伴い、自身が主宰してモノリスワークというチャネリングワークを同年より全国主要都市にて90回実施。2008年にはパリ、2011年にはマドリッドでもワークを開催。このワークは毎回満席となり、多数のチャネラーを輩出している。著書としてほかに『魂を磨く アセンションを阻む闇の手口』（ビジネス社）がある。

ホームページ「Bless the Children」http://bless-the-children.net/

＊変遷があるため印刷物には載せられないので、上記ホームページにて現在、私と同じ方向を向いているチャネラーさんやヒーラーさんをご紹介しています。私の身の回りの範囲内ではありますが、その都度信頼のおける方を推薦するようにしていますので参考にしてください。（鈴木啓介）

はじめてのチャネリング

2010年4月1日　第1刷発行
2015年4月17日　第4刷発行

著　者　鈴木啓介
発行者　唐津　隆
発行所　株式会社ビジネス社
〒162-0805　東京都新宿区矢来町114番地
神楽坂高橋ビル5F
電話　03-5227-1602（代表）
http://www.business-sha.co.jp

装丁／常松靖史（チューン）
本文デザイン／エムアンドケイ　印刷・製本／半七写真印刷工業株式会社
編集担当／本田朋子　販売担当／山口健志

ISBN978-4-8284-1569-7